U0570176

印 顺 法 师 佛 学 著 作 系 列

平凡的一生

（重订本）

释印顺 著

中华书局

图书在版编目(CIP)数据

平凡的一生:重订本/释印顺著. —北京:中华书局,2011.10
(2025.4 重印)
（印顺法师佛学著作系列）
ISBN 978-7-101-08054-4

Ⅰ.平…　Ⅱ.释…　Ⅲ.印顺法师(1906～2005)-自传
Ⅳ.B949.92

中国版本图书馆 CIP 数据核字(2011)第 127143 号

经台湾财团法人印顺文教基金会授权出版

书　　　名　平凡的一生(重订本)
著　　　者　释印顺
丛　书　名　印顺法师佛学著作系列
责任编辑　朱立峰
封面设计　毛　淳
责任印制　管　斌
出版发行　中华书局
　　　　　（北京市丰台区太平桥西里 38 号　　100073）
　　　　　http://www.zhbc.com.cn
　　　　　E-mail:zhbc@zhbc.com.cn
印　　　刷　北京建宏印刷有限公司
版　　　次　2011 年 10 月第 1 版
　　　　　2025 年 4 月第 6 次印刷
规　　　格　开本/880×1230 毫米　1/32
　　　　　印张 8⅛　插页 2　字数 162 千字
印　　　数　7901-8400 册
国际书号　ISBN 978-7-101-08054-4
定　　　价　42.00 元

"印顺法师佛学著作系列"出版说明

　　释印顺（1906—2005），当代佛学泰斗，博通三藏，著述宏富，对印度佛教、中国佛教的经典、制度、历史和思想作了全面深入的梳理、辨析与阐释，取得了一系列重要学术成果，成为汉语佛学研究的杰出典范。同时，他继承和发展了太虚法师的人生佛教思想，建立起自成一家之言的人间佛教思想体系，对二十世纪中叶以来汉传佛教的走向产生了深刻影响，受到佛教界和学术界的的高度重视。

　　经台湾印顺文教基金会授权，我局于 2009 年出版《印顺法师佛学著作全集》(23 卷)，系统、全面地介绍了印顺法师的佛学研究成果和思想，受到学术界、佛教界的广泛欢迎。应读者要求，我局今推出"印顺法师佛学著作系列"，将印顺法师的佛学著作以单行本的形式逐一出版，以满足不同领域读者的研究和阅读需要。为方便学界引用，《全集》和"系列"所收各书页码完全一致。

　　"印顺法师佛学著作系列"的编辑出版以印顺文教基金会提供的台湾正闻出版社出版的印顺法师著作为底本，改繁体竖排为简体横排。以下就编辑原则、修订内容,以及与正闻版的区别等问题,略作说明。

编辑原则

编辑工作以尊重原著为第一原则,在此基础上作必要的编辑加工,以符合大陆的出版规范。

修订内容

由于原作是历年陆续出版的,各书编辑体例、编辑规范不一。我们对此作了适度统一,并订正了原版存在的一些疏漏讹误,主要包括以下几项:

1. 原书讹误的订正:

正闻版的一些疏漏之处,如引文、纪年换算、人名、书名等,本版经仔细核查后予以改正。

2. 标点符号的订正:

正闻版的标点符号使用不合大陆出版规范处甚多,本版作了较大幅度的订正。特别是正闻版对于各书中出现的经名、品名、书名、篇名,或以书名号标注,或以引号标注,或未加标注;本版则对书中出现的经名(有的书包括品名)、书名、篇名均以书名号标示,以方便读者。

3. 梵巴文词汇的删削订正:

正闻版各册(特别是专书部分)大都在人名、地名、名相术语后一再重复标出梵文或巴利文原文,不合同类学术著作惯例,且影响流畅阅读。本版对梵巴文标注作了适度删削,同时根据《望月佛教大辞典》、平川彰《佛教汉梵大辞典》、荻原云来《梵和大辞典》等工具书,订正了原版的某些拼写错误。

4. 原书注释中参见作者其他相关著作之处颇多,为方便读者查找核对,本版各书所有互相参见之处,均分别标出正闻版和本版两种页码。

5. 原书中有极少数文字不符合大陆通行的表述方式,征得著作权人同意,在不改变文义的前提下,略作删改。

印顺法师佛学著作对汉语佛学研究有极为深广的影响,同时在国际佛学界的影响也日益突出。我们希望"印顺法师佛学著作系列"的出版,有助于推进我国的佛教学以及相关学科的研究。

中华书局编辑部
二〇一一年三月

《平凡的一生》(重订本)出版说明

《平凡的一生》是印顺法师的自传,先后有三个版本。

1971年夏天,法师"深感身体的不适,所以写了自传式的《平凡的一生》,略述一生出家、修学、弘法的因缘",共分二十六篇。后编入《华雨香云》一书。

1994年,法师八十九岁,距离写作《平凡的一生》已二十多年。法师谦称"在这二十年中,虽说没有什么可写的,但到底过了这么久的岁月,也有多少可写的",于是"对旧作作了补充,或时日的修正",将其中《写作与出版的回忆》一文拆分改写为《写作的回忆》、《出版的殊胜因缘》两篇,又增补了《三部书》、《怀念大法师》、《半天课》、《我与居士的佛教事业》、《老年病更多》五篇文字。全书共三十二篇,即《平凡的一生》(增订本),1994年由台湾正闻出版社出版。

1998年,法师九十三岁高龄时,对《平凡的一生》(增订本)再作修订和补充,增写了《大陆之旅》、《旧地重游》、《早年的修学历程》三篇文字。全书共三十五篇,即《平凡的一生》(重订本),2005年6月由台湾正闻出版社出版。

本书即以 2005 年正闻版《平凡的一生》（重订本）为底本。为了让一般读者便捷地了解印顺法师的学思生涯，正文后附有"印顺法师著作年表"、"印顺法师略传"、"印顺法师略谱"。附录内容均由台湾财团法人印顺文教基金会提供。

中华书局编辑部

二〇一一年九月

目　录

附　录

一　一生难忘是因缘

　　我今年九十三岁,出家也已经六十多年了。在这不太短的岁月中,总该有些值得回忆的吧! 平凡的自己,过着平淡的生活。回忆起来,如白云消失在遥远的虚空一般,有什么值得回忆的呢! 我的一生,无关于国家大事,也不曾因我而使佛教兴衰。我不能救人,也不能杀人。平凡的一生,没有多彩多姿的生活,也没有可歌可泣的事迹。平凡的一生,平淡到等于一片空白,有什么可说可写的呢!

　　静静地回忆自己,观察自己——这是四十八岁以后的事了。自己如水面的一片落叶,向前流去,流去。忽而停滞,又忽而团团转。有时激起了浪花,为浪花所掩盖,而又平静了,还是那样地流去。为什么会这样? 不但落叶不明白,落叶那样的自己也不太明白。只觉得——有些是当时发觉,有些是事后发现,自己的一切,都在无限复杂的因缘中推移。因缘,是那样的真实,那样的不可思议! 有些特殊因缘,一直到现在,还只能说因缘不可思议。

　　人生,只是因缘——前后延续,自他关涉中的个性生活的表现,因缘决定了一切。因缘有被动性、主动性。被动性的是机缘,是巧合,是难可思议的奇迹。主动性的是把握,是促发,是开创。在对人对事的关系中,我是顺应因缘的,等因缘来凑泊,顺因缘而流变。如以儒者的观点来说,近于"居易而待时"的态度。但过分的顺应,有时也会为自己带来了困扰。在我一生中,似乎主动的想这想那,是没有一样成功的。就如台北的慧日讲堂,建成了也只增添些不必要的干扰。我这样的顺应因缘,也许是弱者的处世态度,也许是个性的适合,也应该是夙生因缘,引上了出家学佛之路(学佛是不一定要出家的,出家要个性适合于那样的生活方式才得)。从一生的延续来看自己,来看因缘的错杂,一切是非、得失、恩怨,都失去了光彩而归于平淡。

我是眼高手低的,所以不自觉地舍短用长。十三四岁开始,就倾向于丹经、术数、道书、新旧约,而到达佛法。对佛法的真义来说,我不是顺应的,是自发地去寻求,去了解,去发见,去贯通,化为自己不可分的部分。我在这方面的主动性,也许比那些权力煊赫者的努力,并不逊色。但我这里,没有权力的争夺,没有贪染,也没有嗔恨,而有的只是法喜无量。随自己夙缘所可能的,尽着所能尽的努力。

"一生难忘是因缘",我不妨片段地写出些还留存在回忆中的因缘。因缘虽早已过去,如空中鸟迹,而在世俗谛中,到底是那样的真实,那样的不可思议!

二 出 家 难

一九二五年(二十岁),我读到《庄子》的冯梦祯序文:"然则庄文郭注,其佛法之先驱耶",而引起了探索佛法的兴趣。对于佛法,我没有师友的引导,只是自己在暗中摸索。

一九二八年清明后八日——闰二月二十三日,慈母不幸在不到四天的卒病中去世,引起我内心极大的震动,不知所措的悲伤。九月(附注:本文的年月,都是农历)里,住在同一祖宅的叔祖父士铨公死了。一九二九年四月二十七日,父亲又在病了两个多月,终日安详的睡眠中去世(极可能是肺癌)。一年多来,一直在求医求药,办理丧事,似乎人生只是为此而忙碌。内心的沉闷抑郁,在近年来佛法的熏习下,引发我出家的决心。

"出家难",对我来说,不是难在出家的清苦生活,而是难在到哪里去出家。我一直生活在五十几华里的小天地里,在这一区域内,没有庄严的寺院,没有著名的法师。有的是香火道场,有的是经忏应赴。我从经论得来的有限知识,不相信佛法就是这样的,我不能在这样的环境中出家。而且,离家过近,也会受到家族的干扰。我在书本上,知道些名山古刹的名字,但并不知小天地外的佛教情况。我是内向的人,不会找机会,主动地与人谈话，扯关系，所以没有熟人，是不敢冒昧外出的。在我的想像中，一个外来的年轻人，没有介绍，有谁会留他出家呢！如何实现我的出家目的，实在是太难了！

因缘终于来了！一九三〇年（廿五岁）五月，报上刊出大幅广告——"北平菩提学院招生"。主办者大愚法师；筹备处是"北平东四马大人胡同齐宅"；秋季开学，远道的可以通信考试；资格是男性；二十岁以上，三十岁以下；僧俗兼收。这一消息，如昏夜明灯，照亮了我要走的前途。我想，在三年修学中，总会熟识几位出家同学，介绍到那里去出家，应该是没有问题的。我就这样满有自信的，决定进行出家的计划。

试题是"佛法以离苦得乐为目的论"。得到的复信是："考试及格，准予入学。"但又附带说："开学时间，另行通知。"到了六月，我天天看报，天天等待开学的通知，而开学的消息却始终没有。我越等越不耐烦，越是急于修学佛法了。当时的天真想法，横竖要开学，迟几天也没关系，不如到北平再说。我就在闰六月二十九日的早上，踏上了离家（浙江省海宁县）出家，充满光明远景，而其实完全不知前途如何的旅程。

到了上海，等轮船到天津，再搭火车到北平。那时，正是召开扩大会议，中央空炸怀仁堂的时节。我到"齐宅"去探问，回答是："筹备还没有就绪。开学没有确定期间，远道的应等通知再来。"这一下，我可有点惶惑了。在卧佛寺（也许是卧龙寺）佛经流通处，选购了几册佛书。谈起菩提学院，这才知道学院是告吹了。一向被军政名流崇仰的大愚法师，在阎冯战争的逆转中失去了信任与支持（大愚法师从此就无声无息地被人遗忘了）。

这一次战争的胜负与我无关,而我寄于无限(出家的)希望的菩提学院却被弄得无影无踪。我该怎么办呢?办法是没有的,北平是那样的人地生疏,连一个熟人也没有。不曾出过远门的我,对于北平方言,听来异常别扭,连"前门外"都不能顺利地听懂。这里是不能住下去的,回到南方再说。这样,又坐火车、搭轮船,回到了最近来过的上海。

上海是那样繁忙,那样尽情欢乐的都市。而我在上海的旅馆里,除了对经书出神而外,却没有事可做,没有地方可去,连说话的机会也没有。呆住了几天,想起宁波的天童寺,于是又搭轮船到了宁波。问起天童寺,才知道人力车是不能到达的,先要搭小船,还要步行两小时。天童寺交通不便,我的希望又动摇了,消失了。无事可做,无地可去,无话可说,又在旅馆里呆了几天。呆着不是办法,但没有一个熟人,没有勇气向人诉说要出家的我,有什么办法呢!忽然想起,南海普陀山离宁波不远,不如去普陀山礼佛敬香。这样,我又到了普陀山。

我住在普陀前山的锡麟堂。我以香客的身份,坐了兜子,前山后山地去逢佛敬香。普陀山寺庙多、和尚多、香客多,而我还是那样的孤独,心里一片茫然。第三天下午,我在客房前的廊下看书,一位青年香客见我所看的是佛书,就自我介绍:南通白蒲人,姓王,他这次是来普陀山出家的。我听了,几乎失声地叫起来。我说:"同道,同道——王先生! 我也是想要出家的呀!"——这是我离家以来,第一次向人吐露了内心的秘密。这样的志同道合,片刻间成为知己,成为茫茫人世的良伴,商量着到哪里去出家——找一个理想的地方。王君随身带来的,有一本《普陀山指南》。仔细检阅，从大寺到小庙，从小庙到茅蓬，发现在"般若精舍"下，写着"藏书极富，主持者有道行"几个字。当下商量决定，第二天上午，专诚去般若精舍拜访。

般若精舍是属于普慧庵的一个茅蓬。我们到了目的地，见房屋不大，双门紧闭。好久，才有一位（只有这一位）严肃而安详的老和尚出来开门。听说我们想研究佛法，就为我们略说佛法大意。我们说：锡麟堂香客往来太多，我们想找一处僻静的所在，安住几个月，对佛法作初步的参研。他向西南角一指说："有，离这里不过一里路，有个俗名天后宫的福泉庵。当家是福建人，香客也都是福建人，一年不过三四次，平时非常的安静。我也不用介绍，你们说般若精舍老法师指导来的就得了。"我们向他谢别，就向福泉庵来。出来招呼我们的，是一位叫宗湛的知客师。我们说明来意，他就去征求当家的意思。当家的来了，是一位白发白须的老和尚。当家的只是点点头，说了两三句我不能完全明白的话（原来是带有闽南语韵味的宁波话），大意是好的，好的。这样，我们下午就移到福泉庵来。我与王君同住（楼上）一室，在宗湛的隔壁。

第二天傍晚，王君——其实是姜君——的哥哥，追踪而来。说好说歹，姜君跟他的哥哥回家去了，又只剩了我一个人。我与宗湛还谈得来，见我认真地在阅读经论，就为我介绍。十月十一日，我就在福泉庵剃落出家，法名印顺，号盛正。那位白发白须的当家，就是我的恩师上清下念老和尚。般若精舍的那位老和尚，原来是太虚大师的戒兄，被虚大师称誉为"平生第一益友"的昱山上人。我的出家，曾经得到他的指示，所以出家后，顺从

清念和尚道影

普陀山的习俗,礼昱公为义师父。

很多人问我:你怎么会跟一位(语言不通的)福建老和尚出家?我自己也说不出来。我想要出家,而会从福泉庵念公出家,这不但意想不到,梦也不会梦到的。然而,我真的从念公出家了。回忆我离家出家的因缘,空登大幅广告的菩提学院,空跑普陀山一趟的南通姜君,姜君带来的那本《普陀山指南》,都是使我在福泉庵出家的主要因缘。因缘是那样的离奇,难以想像!无意中得到昱公的指导,我终于在普陀福泉庵,跟一位福建老和尚出家,又始终受到先师的慈荫,这不能不说是夙生的缘分。

三　普陀·厦门·武昌

　　一九三〇年(二十五岁)十月底,与师兄盛明到天童寺去受戒,戒和尚是上圆下瑛老和尚。名山的庄严气氛,留下了深刻的回忆。在普陀过了旧年,得到先师的同意与资助,我就于一九三一年(二十六岁)二月,到厦门南普陀寺闽南佛学院(以下简称闽院)求法,插入甲班(第二学期)。闽院院长是提倡佛教革新的太虚大师,大师弘化各方,所以由大醒法师代理院务,教务由芝峰法师主持。我在闽院,听了不到四个月的课,暑期考试还没有终了,就病倒了。病后,精神一直不能恢复。八月初,代院长大醒法师要我去鼓山涌泉佛学院教课(实际是易地休养)。在鼓山,礼见了当代的名德——虚云与慈舟二位长老。我那时出家不久,对丛林规制、佛门惯例,什么都不懂。冒冒失失的样子,现在想起来,还有点觉得可笑。年底,我回到厦门过旧年。

　　一九三二年(二十七岁)上学期,大醒法师要我为甲班——我的同班同学讲课。我有经不起人说好话的习性(问题是自己不会应付,不会说话,没有那股断然拒绝的勇气),竟然答应下来。我是作为与同学们共同研究的;好在一向与人无争,又没有老师气派,同学们也就将就些听了。暑假中,我不慎地说了几句话,大醒法师觉得我站在同学一边。我那时忽然警觉过来:我是发心出家求法而来的,听不到四个月的课,就在这里当法师,真是不知惭愧! 这里,不可能达成我的求法愿望,我应该自求充实。但我怎样离开闽院呢? 在师长面前,我是拿不出不顾一切的勇气,于是想了一个办法:我写信给普陀山福泉庵,要他们这样地写封信来——你家里的人,来常住找你,吵吵闹闹,你赶快回来自己处理。我就凭这封信去告假,大醒法师临别赠诗:"南普陀归北普陀,留君不住但云何! 去时先定来时约,莫使西风别恨多。"我就这样地走了,现在台湾的学长戒德,那时也在闽院授课,也许还记得有这么一回事。

　　我回到了普陀山福泉庵。初秋,就住到佛顶山慧济寺的阅藏楼看藏经;白天阅读(清代的龙藏)藏经,晚上研究三论与唯识。这个自修环境,虽然清苦些(就是找不到钱),为我出家以来所怀念为最理想的。好处在常住上下,没有人尊敬你,也没有人轻视你,更不会来麻烦你。在这里足足地住了一年半,为了阅览三论宗的章疏,在一九三四年(二十九岁)正月,又到武昌佛学院去(以下简称武院,那时名为世界佛学苑图书馆)。新年里,先与华清法师(谛闲老的法子)去奉化雪窦寺,我第一次礼见了太虚大师。然后经上海到南京,访晤在中国佛学会服务的灯霞同学,瞻仰了中山陵。我又去栖霞山,瞻礼三论宗的古道场。在南京上船去武昌,意外地遇到了敏智、肇启(?)二位,从常州天宁寺来,也是要去武院的。武院是虚大师倡办的。那时的武院,由法舫法师主持。有研究生,如谈玄、苇舫、尘空、力定、

洪林等六七位。附设有佛学院,学生约二十人。我在武院半年,
三论宗的章疏读完了,天气太热,我就回到了佛顶山。

太虚大师道影

　　六七月间,虚大师附了常惺法师的来信,邀我再去厦门。那
时,闽院已由常惺法师任院长,人事有了变动。在当时的青年学
僧心目中,常惺法师是一位被崇仰的大德,我也就决定去一趟。
住了半年,在一九三五年(三十岁)正月,我就与常惺法师的法
子(南亭法师的法弟)苇中法师,同船回上海。我再住佛顶山的
阅藏楼,直到一九三六年(三十一岁)底,才以不可思议的因缘
而离开了普陀。
　　这里,我想叙述一则痛心的因缘。当我(一九三五年)要离
开闽院时,一位苏北同学——圣华,搭衣持具来顶礼,说愿意亲

近法师。我生于浙江，出家于浙江，所以不懂得这是什么意思，只告诉他："我要回去看藏经，将来有缘共住吧！"圣华是文质彬彬谦和有礼的。后来，他也要来看藏经，我告诉他阅藏楼的一切实际情形，并且说慧济寺是子孙丛林，我虽是亲房，也等于客住。但他误会了，来了。在他长养于苏北寺院的传统意识里，以为我久住佛顶山，将来会在佛顶山做方丈的。他来亲近我，就有受记做方丈的希望。我发见了他的错觉，一再地谈些佛顶山的历史，佛顶山的家风，但他着了迷一样的，怎么也不肯相信。一九三六年冬天，我离开了普陀，圣华似乎失去了世间的一切，不久就变得神经错乱。圣华的本性，温和纯良，洁身自好，虽然能力薄弱些，但可以做一个好和尚。在苏北佛教的环境中，如出家而不能受记、当家、做方丈，那是被轻视的，可耻的，简直有见不得爹娘、见不得师长的苦衷。圣华就是被这种传统所害苦了的！圣华的不幸，使我对于今日佛教的一角，有了新的认识，新的叹息！

四　谁使我离开了普陀

　　为游览而出去游览,我平生只有过一次。只此一次,恰好免除了抗日期间陷身敌伪下的苦境,可说是不自觉地预先在安排避难。经过曲折而希奇,因缘是不可思议的!

　　一九三六年(三十一岁)秋天,我在普陀佛顶山完成了全藏的阅读,心情顿觉轻松。偶尔去客堂(颂莱同学在客堂任知客),才听说九月里,蒋委员长(即总统蒋公)五秩大寿。经国先生令堂毛太夫人,在天台山国清寺为委员长祝寿。在山上普设千僧大斋,通告各方:结缘是每人海青料一段,银圆一元。这个消息,忽然引起我的动念:天台山国清寺,是智者大师——天台宗的根本道场,我从来不曾去过。名山胜地,何不趁此斋会,顺便去瞻仰一下! 一举两得,越想越好,九月中旬,我就背起衣单,过海赶千僧斋去了。

　　一到宁波,就去延庆寺,这是亦幻法师总持事务,与虚大师有关系的道场。几位熟识的道友,见我那个挂单模样,要去天台山赶斋,就劝我说:"这次千僧斋会,去的人实在太多了。这几天的国清寺,不但住众挤成一团,无单可安(没有睡觉的地方),连饮水也有了问题。天台山是值得去的,但如不是为了一块钱、一块布,那大可不必赶着去受苦。过几天,斋会过了,我们介绍你去住几天,到处瞻礼,何等自在!"我是个一向懒于赶斋,生怕睡眠不好的人,听他们这么一说,也就暂时留下,等过了斋期(寿诞)再去。

在延庆寺住了两天,吃饭睡觉,实在乏味。想起了慈北白湖(鸣鹤场)金仙寺,是亦幻法师住持的地方。听说风景优美,芝峰法师及守志(即竺摩)、月熙等同学都住在那里,倒不如先去白湖走一趟,回来再上天台山不迟。决定了,就到金仙寺来。这里倒是一个好地方,湖光山色,风景着实不错!在这里自修,应该是极其理想的,但在我的感觉中,似乎太自由了一点。

金仙寺住了几天,打算明天要回宁波了。厦门的慧云(俗名林子青)忽在傍晚的时候来了,他就是从国清寺赶斋下来的。大家见面,有说有笑。说不到几句,慧云忽然想到了什么,拿出银圆二十元给我(那时的币值很高)说:"知道你在普陀,却找不到通讯处,我也无法寄给你。隆耀说:别的无所谓,只是印顺同学的二十块钱,无论如何你也得代我交还他。难得在这里遇到了你,我也总算不负人之托了。"慧云来得意外,二十块钱也来得意外,这里面原是有一段因缘的。

一九三四年(二十九岁)下学期,我在闽院教课。隆耀(宝华山引礼出身)、慧云,受台湾开元寺的礼请,一个羯磨,一个教授,要到台湾去传戒。隆耀想到见了台湾的诸山长老,也得备点礼物,表示敬意。他是没有钱的,没有去与有钱的同学商量,却来找我这个穷同学,商借二十元。二十元,是我所有的不少部分。我与隆耀没有特别的友谊,但我毫不犹豫地答应了他。他们传戒终了，正想离台返厦，却被日本刑警逮捕，严刑苦打。曾传说隆耀（身体本来瘦弱）经不起刑责，已经死了。一九三五年正月，我离开厦门，从此杳无消息，我也早已忘记这二十元了。想不到隆耀没有死，也没有忘记我，自己还在台湾休养，首先就设法托慧云归还我。佛经说：种因的会结果，这原不过迟早——今生或来生而已！

慧云是从杭州去天台山的。说到杭州，慧云的话就说开了。"杭州开化寺六和塔住持妙乘，是闽院老同学，对于闽院同学，来者不拒，去者不追。到了他那里，有吃有住。至于参观游览，那就各人自由。我住在六和塔，已一个多月了。"月熙想到杭州去，邀我同行。出家以来，我没有去过西湖。现在有人导游，还得了意外的财物（二十元），我也就放下天台山，先作杭州西湖之游了。

九月廿二日晚上，才到了钱塘江边的开化寺。第二天（国历十一月六日）早餐毕，妙乘提议："今天太老（指虚大师）在灵隐寺讲《仁王护国般若经》。我们是云来集菩萨，也该去参加开经法会才是。"大家没有异议，上午就到了灵隐，我也随众礼见了虚大师。下午听完了经，就回开化寺。晚上，慧云对我说："太老好像有话要和你说似的。"我说："我倒没有觉得。"但我心里想：虚大师也许会有话要和我说的。去年（一九三五年）国历四月间，为了组织中日佛学会，出席泛太平洋佛教青年会，我不同意虚大师的态度。大师自己不参加，却默许部分的弟子去参加。我以为：日本军阀的野心是不会中止的，中日是迟早要一战的。处于这个时代的中国佛教徒，应爱护自己，不宜与特务化的日僧相往来。也许措辞过分激烈了，我与大师的联络，也就中断了一年多。

过了两天，妙乘在开化寺设斋，供养虚大师，没有外客。在席上，虚大师向我提起：武院要办研究班，这是由上海三昧庵宽道发心每月资助（二）百元而引起的。有几位研究三论的，所以希望我去武院，指导他们研究。我说了几句谦辞的话，大师以"去一趟"来结束话题。这就是虚大师所要与我说的，说了也就算了。

我在杭州住了一星期，忽然游兴大发，也许是二十块钱在作怪。离开杭州，首先到嘉兴楞严寺挂单。常住佛事兴隆，我被派去拜了一天梁皇忏。看情形不对，第二天起单，到旅馆去住了一天。多少游览，就搭车去江苏的镇江。访玉山超岸寺，见到了守培老法师。寺主雪松，陪我去金山；又到竹林寺一宿，见到正在编辑《中国佛教人名大辞典》的震华。回到超岸寺，梵波（也许是养波，一位武院的同学）从焦山来，我就随梵（？）波去焦山。焦山的住持静严，是闽院的同学，在这里受了几天招待。忽有六度（也是去过闽院的）从庐山大林寺下来，要回小庙去，他就成为我漫游的引导者。陪我去扬州；到如皋的菩提社，这是六度出家的地方。我住了好多天，多少领略到苏北寺僧的生活情形。然后经过南通，参观了啬公墓，吴画沈绣之楼——楼上藏有历代名人的观音画像。最后到了狼山，这里也有一位力定同学。住了两三天，这才与六度话别，而搭轮船回上海。三个星期的漫游，漫无目的的游历，钱也用完了，人也累了，游兴当然也就没有了。天台山以后再说，决定先回普陀去。

虚大师创办的中国佛学会上海市分会,是附设在三昧庵内的,听说灯霞同学在那里当干事。我在决定回普陀山的前一天,去三昧庵看他。谈了一回,准备走了,他说:"下午请常惺法师演讲,你吃了午饭,听完讲再走吧!"也好,我横竖是没有事的。午后,慧云、妙乘,又在这里碰上了,真是巧合!妙乘一直埋怨我:"走了也没说个去处!在你走了以后,太老一再派人来找你。"我说:"到哪里,我自己也不知道呀!"不久,虚大师来了,常惺法师也来了,三昧庵主宽道(原是普陀洪筏院子孙)当然也到了。讲演完毕,大家坐下来,虚大师重申前议,要我到武院去。大家帮着大师说话,不善词令的我,在这师友的包围下,实在应付不了。虚大师拿出二十块钱,给我作旅费。我还是要推,妙乘可说话了:"老法师给几个钱,我们做弟子的,只有说声谢谢。你去不去武昌,都没关系,慢慢决定好了。"不会说话的我,就这样没奈何地收了下来。回到普陀山,越想越不是滋味。我真是不该到三昧庵去的!但我又怎么知道三星期的漫游,会在这里碰上了呢!约会也没有这么巧呀!武院,我是去过的,并不想再去;特别是武汉的炎热,我实在适应不了。可是旅费已拿了,拿钱而不去,我是不能这么做的,除非将钱退回去。想来想去,也许还是(缺乏断然拒绝,不顾一切的勇气)人情难却,没奈何地决定:去一趟,明年早点回普陀山度夏。

从普陀到武昌,已经是腊月中旬了。一九三七年(三十二岁)的五月初,我就病倒了——老毛病。痢了几天,温度忽然高起来,院方才把我送入汉口某日本医院。住了十几天,才出院回来。天气那样的热,睡眠不足,饮食减少,病虽说好了,身体却还在衰弱下去。国历七月七日,卢沟桥的抗日炮声响了。国历八月十三日,淞沪的战争又起。到国历十二月四日,南京也宣告失守。想回普陀的希望,是越来越不可能了!身体一直在奄奄无生气的情况下。到一九三八年(三十三岁)七月,武汉也逐渐紧张起来,这才与老同学止安经宜昌而到了重庆,我就这样地渡过了抗战八年。我为什么到四川?追随政府哪,响应虚大师的号召(共赴国难)哪,这些冠冕堂皇的理由,对我是完全不适用的。在我的回忆中,觉得有一种(复杂而错综的)力量,在引诱我,驱策我,强迫我,在不自觉、不自主的情形下,使我远离了苦难,不致于拘守普陀,而受尽抗战期间的生活煎熬。而且是,使我进入一新的领域——新的人事,新的法义,深深地影响了最近几十年来的一切。抗战来临的前夕,一种不自觉的因缘力,使我东离普陀,走向西方——从武昌而到四川。我该感谢三宝的默佑吗?我更应该歌颂因缘的不可思议!

五　最难得的八年

最难得的八年(一九三八年七月到一九四六年三月),为我出家生活史中最有意义的八年,决定我未来一切的八年。

一九三八年(三十三岁)五月,武汉外围一天天紧张起来。老同学苇舫(苏北人),在武院编《海潮音》,也是当时武院的管理者。他一直说要与向领江的结缘船(行驶重庆上海间的福源轮船)接洽,送我们——我与老同学止安去四川。但是结缘船一班又一班,武汉三镇的尼众去了不少(后来虚大师为她们成立尼众避难林),就是轮不到我们。七月中,止安着急了,自己出去想想办法,当下就买了两张到宜昌的票回来,陪我去宜昌,暂住古佛寺。一到宜昌,才知道问题严重。在宜昌等船入川的,真是人山人海,去四川的船票,我们是没有能力(有钱也不成)买到的。后来,还是亏了向领江的结缘船,才能顺利地到达重庆。向领江的结缘船,不用接洽,也不用买票,只要出家人,就可以一直走上去。在船上,有饭(素菜)吃;到了重庆南岸,每人还给两毛钱的轮渡费。向领江半生结缘,真正功德无量!我们的船一到,老学长乐观早在码头上摇手,招呼我们。

第二天,我与止安就去了北碚缙云山,住在汉藏教理院(以

法尊法师晚年德相

下简称汉院)。法尊、法舫、尘空、雪松(前超岸寺寺主)诸法师都在这里。最初的一年半中(一九三八年八月到一九三九年底),法尊法师给我很多的法益。他是河北人,没有受过近代教育,记忆力与理解力非常强。留学西藏并不太久,而翻译贡献最大的,是他。在虚大师门下,于教义有深广了解的,也是他。我为他新译的《密宗道次第广论》润文,遇到文字不能了解的,就去问他。黄教对密乘的见解与密乘的特质,我因此而多少了解一点。他应我的请求,翻译了龙树的《七十空性论》。晚上,我们经常作法义的探讨,我假设问题以引起他的见解;有时争论不下,最后以"夜深了,睡吧!"而结束。这样的论辩,使我有了更多与更深的理解。深受老庄影响的中国空宗——三论宗,我从此对它不再重视。法尊法师是引发了一些问题,提供了一些见解,但融入我对佛法的理解中,成为不大相同的东西。他对我的见解,当然是不能完全同意的,但始终是友好的,经常共同讨论。我出家以来,对佛法而能给予影响的,虚大师(文字的)而外,就是法尊法师(讨论的),法尊法师是我修学中的殊胜因缘!

一九四〇年(三十五岁),我去了贵阳。大觉精舍是华府所兴建,天曦老法师弘化的道场。曦老去世了,曦老的徒孙明照在汉院求学,就约我到贵阳去。那时是战时,我又没有活动力,所以没有做什么,只是自修,写《唯识学探源》。施主华问渠先生,已失去了他父母那种信佛护法的精神,而只是父母传下来,不好意思结束,姑且维持下去。年底,我回汉院过年。

到了汉院,就见到从香港来汉院旁听的演培、妙钦与文慧。一九四一年(三十六岁),我就为他们讲《摄大乘论》,大家非常欢喜。秋天,演培约了几位同学,到合江法王寺办法王学院,请我去当导师。导师原是不负实际责任的,但适应事实,逐渐演化为负责的院长。一九四四年(三十九岁)夏天,三年圆满,我才又回到汉院。在这一期间,又见到了光宗、续明、了参(俗名叶均)他们。

在四川(一九三八——一九四六年),我有最殊胜的因缘:见到了法尊法师,遇到了几位学友。对我的思想,对我未来的一切,都有最重要的意义!我那时,似乎从来没有离了病,但除了不得已而睡几天以外,又从来没有离了修学,不断地讲说,不断地写作。病,成了常态,也就不再重视病。法喜与为法的愿力,支持我胜过了奄奄欲息的病态。

六　三　部　书

　　有三部书,对我早期的写作,资料方面有相当的帮助;而且,见到这三部书,都还有点意外之感。

　　一、多罗那他(Tāranātha)的《印度佛教史》:一九三七年(三十二岁),我在武院病了,一直不能康复。由于七七事变,全国抗日,虚大师与法尊法师都从庐山来,留学日本的墨禅学长也来武院小住。墨禅随身带有日本寺本婉雅所译的多罗那他《印度佛教史》,这是西藏著名的史书。我不通日文,好在译本中的人名、地名、佛法术语多用汉字译出,所以也可以多少了解。这本书对无著、世亲时代的佛教,后期中观学者的兴起,与唯识学者的论诤,特别是秘密大乘的兴起与发展,有相当详细的叙述。我向他借来慢慢看,他不久就去了香港。抗战胜利回来,知道墨禅已在上海去世。这样,这本书"久借无归",也就成为我的书了!

　　二、宗喀巴的《密宗道次第广论》:一九三八年(三十三岁)秋天,我到了四川缙云山的汉藏教理院。学院已经开学,所以我住在(教师住处)双柏精舍,只是自修而已。《密宗道次第广论》是法尊最近从藏文译出的,虚大师要我为这部书润文。这是西藏格鲁派宗喀巴大师所著的,对秘密乘——"事,行,瑜伽,无上瑜伽”四部续的次第作扼要的叙述。我读了这本书，了解到秘密乘严重的天化特性，如“修六天”、“天色身”、“天慢”等，真是“天佛一如”。有些术语我不能了解，就请问法尊法师；从前阅读大藏秘密部，如金刚、莲花等术语，也就能了解是什么了。我的“润文”，只是文字方面的略作修润，内容是决不改的。这部书汉院刻经处没有出版，托人带到北平，由“北京菩提学会”出版，托人带多少部回四川。这本来是限于学密者阅读的，因为挂名“润文”，也给了我一部。写《印度之佛教》十七章的《密教之兴与佛教之灭》，这部书提供了主要内容，这真是因缘巧合了！

三、《古代印度》：这是 Ancient India 的中文译本，是“印度史”的一部分。一九四一年（三十六岁），有人将这部译稿带到汉藏教理院来。古代的印度，佛教是相当重要的宗教，流行了一千五（六）百年。这部书当然要谈到佛教；为了译稿的更为正确，所以译者送来汉院，希望能对有关佛教部分加以校正。我以先读为快的心情，取得一读。全书十二章，从“史料及古史”，到“南印度”，我就择要地记录下来，对后来《印度之佛教》的写作，才有了史的重要参考。而这部译稿的译者是谁，这部译稿有没有出版，我并不知道。我与这部译稿的相见，是非常意外的！

七　业缘未了死何难

"人命在呼吸间",佛说是不会错的。健全结实的人,都可能因小小的因缘而突然死去。死,似乎是很容易的,但在我的经验中,如因缘未尽,那死是并不太容易的。说得好,因缘大事未尽,不能死。说得难听些,业缘未了,还要受些苦难与折磨。

话,应该说得远一点。我是七个月就出生的;第十一天,就生了一场几乎死去的病。从小身体瘦弱,面白而没有血色。发育得非常早,十五岁就长得现在这么高了。总之,我是一向不怎么结实的,但出家以前,倒也不觉得有什么病。

二十五岁出了家,应该好好地精进一番。但是,"学佛未成成病夫",想起来也不免感伤。一九三一年(出家的下一年)五月,我在厦门病了,天天泻肚。同学们劝我医治,我总是说:"明天再说。"我没有医病,问题是没有钱。我不能向人借钱,我没有经济来源,将来拿什么还人呢!记得故乡的一句俗语:"有钱药又药,没钱拼条命不着。"病,由它去吧!又信同学(普陀锡麟堂子孙)来看我,一句道破:"你是没有钱吗?""是的,只有一块钱。"他说:"够了,够了,我给你安排。"买了一瓶燕医生补丸(二角八分),让它泻一下,不准吃东西。买半打小听的鹰牌炼乳,一天可吃三次。用不到一块钱的特别办法，果然生效，病就渐渐好了。但病后没有调养，逢到天气炎热，睡眠不足，身体不免虚弱下来。一位同学死了，上山去送往生。经不起山风一吹，感冒咳嗽，这算不得大病。一直拖到七月，精神还是不能恢复。承大醒法师的好意，派到鼓山去教课。山上空气好，天也凉快了，这才好转过来。

一九三七年（三十二岁）五月，又在武昌病了，老毛病。病好了，还是一天天衰弱下去，从睡眠不足而转为失眠，整天都在恍惚状态中。有时心里一阵异样的感觉，似乎全身要溃散一样，就得立刻去躺着。无时不在病中，对我来说，病已成为常态。常在病中，也就引起一些观念：一、我的一句口头禅："身体虚弱极了，一点小小因缘，也会死过去的。"二、于法于人而没有什么用处，生存也未必是可乐的。死亡，如一位不太熟识的朋友。他来了，当然不会欢迎，但也不用讨厌。三、做我应做的事吧！实在支持不了，就躺下来睡几天。起来了，还是做我应做的事。"做一日和尚撞一日钟"，我有什么可留恋的呢！但我也不会急求解脱，我是一个平凡的和尚。

"身体虚弱极了，一点小小因缘，也会死过去的。"我存有这样的意念，所以我在武昌，一向是不躲警报的。因为我觉得：如真的炸中了，哪怕小小弹片，我也会死去的，不会伤残而活着受罪。一天晚上，敌机来得特别多。武院当时住有军事器材库（科？），一位管理员慌得从楼梯上直滑下来。有人急着叫我，我没有感激他，相反的嫌他啰苏，这可以反映我当时的生死观了。然而这一观念，在我两次应死而不死的经验中，证明了是并不正确的。

一次是一九四一年（三十六岁）的中秋前夕，我在缙云山。月饼还没有吃到，老毛病——肚子倒先有了问题。腹部不舒服，整晚难过得无法安眠（可能有点发热）。学院的起身铃响了——五点半，天色有点微明。我想起来去厕所，身体坐起，两脚落地，忽然眼前一片乌黑，一阵从来没有经验过的异样的疲倦感。我默念"南无佛，南无法，南无僧"。我不是祈求三宝的救护，而是试验在这异样的境界中，自心是否明白。接着想："再睡一下吧！"这应该是刹那间事，以后就什么都不知道了。忽然有了感觉，听到有人在敲门，是同事在唤我早餐了——七点钟。看看自己，脚在地上，身体却搁在床上；满裤子都是臭粪。慢慢起来，洗净了身体，换上衣服，再上厕所去。我知道，这是由于腹泻而引起的虚脱。昏迷这么久——一点多钟，竟又醒过来了。我想，假使我就这样死了，也许别人看了，会有业障深重，死得好惨的感觉。然在我自己，觉得那是无比的安详与清明。我不想祈求，但如将来这样死了，那应该说是有福的。

另一次是一九四二年（三十七岁），我在四川合江（法王寺所办的）法王学院。一个初夏季节，常住为了响应政府的减（或是限）租政策，晚上（农夫们白天没有闲）召集佃农换订租约。法王寺的经济，就是田租；田多，佃农也多，一则一则地换订新约，工作极其繁重，我也得出来帮助一下。我的工作是计算，田几亩几分几厘，年缴租谷几石几斗几升几合。佃约写好了，我又拿来核对一下，以免错误。这一晚，直到早上三点多钟才结束。

过度疲劳，我是睡不着的。早餐后，还是睡不着，于是出门去散步。寺在深山,沿途是高低起伏的曲径。经过竹林旁边,被地上的落叶一滑,就身不由主地跌了下去。只觉得跌到下面,站不住而又横跌出去,别的就什么都不知道了。约有半点多钟,我才逐渐醒过来。觉得左眉有点异样,用衣袖一按,有一点点血。站起身来一看,不禁呆了,原来从山径跌下来,已翻了四层坡地,共有四五丈高。我也顾不得一只鞋子还在上层,就慢慢地走回来。最后,爬上三四十层石级,才到达寺院。那一天,学僧们出坡采茶子去了,演培带着学僧们上山,仅有文慧在院里。左眉楞骨上的伤痕,深而且长,可是出血不多(也许这里微血管不多)。文慧就为我洗净,包扎好。我上床睡了一下,忽然痛醒了。右脚的青筋,蚯蚓般的一根根浮了起来,右脚痛得几乎不能着地,原来脚筋受了重伤。深山无医无药,想不出办法。到合江去就医吗,距离七十五华里,坐着滑竿急急地走,也要八个小时。我在山上跌伤了,惊动了全寺。丈室的一位老沙弥,自己说会医,看他说得很有信心,也就让他医了。他用烘热了的烧酒,抹在筋上,一面用力按摩。他是懂得拳术的,把我的右脚,又摇又拉,当时被按摩得很痛。人疲倦极了,渐渐睡去,等到中午醒来,青筋不见了,脚也不痛了。这类急救,比西医还有效而迅速得多。极度衰弱的人,跌了这么一跤,竟然没有死去。不但没有死,眉心的创伤,几天就好了,连伤疤也没有留下多少。脚筋扭伤了,恰巧有一位老沙弥,一摩就好。只是上面的门牙,跌松而长出几分;下齿折断了两根。不好看,咀嚼也不中用,但上牙又自然地生根,到一九六六年(六十一岁)才拔去。这一跤,不能说不严重,可是没有死去,也没有留下伤痕,真是奇妙的一跤!这一跤,使我有了进一步的信念。"身体虚弱极了,一点小小因缘,也会死过去的"——这几句口头禅,从此不敢再说了。业缘未了,死亡是并不太容易的。

一九六七年(六十二岁)冬天,我去台北荣民医院作体格检查。车是从天母方面过去的。我坐在司机右侧,后座是绍峰、宏德,还有明圣。医院快要到了,前面的大卡车停了,我们的车也就停了下来。不知怎的,大卡车忽然向后倒退,撞在我们的车上。车头也撞坏了,汽车前面的玻璃被撞得纷纷落在我的身上。大家慌张起来,我坐着动也不动。他们说我定力好,这算什么定力!我只是深信因缘不可思议,如业缘未尽,怎么也不会死的(自杀例外)。要死,逃是逃不了的。我从一生常病的经验中,有这么一点信力而已。

八　我回到了江南

　　抗战胜利了,举国欢腾,我也该回去了!但是,不要说飞机,就是沿长江而下的轮船,也是票价贵得吓人,还要有人事关系才行。这不是我们所能的,安心地等着吧!一九四六年(四十一岁)清明前后,才发现了一条可以回来的路,那就是经西北公路到宝鸡,再沿陇海路东下。虽然迂回了一点,但到底是可以通行的,而且还可以瞻仰隋唐盛世的佛教中心。我与演培、妙钦,他们连皮箱都卖了(我是想卖也是没有可卖的),凑足了旅费,才离开了值得怀念的汉院。从重庆出发,那时的光宗与了参,在重庆相别,他们正准备去锡兰深造。

　　到了西安(古称"长安"),受康寄遥居士的招待。在佛学社、寄园住了几天,移住城南的大兴善寺。这里,有筹办巴利三藏院的计划;一位汉院同学×悟,在这里主持一个初级佛学院。我们借了一辆牛车,费了一天工夫,才到罗什塔去瞻礼。那时的罗什塔,等于一所乡村小庙,想起逍遥园时代的盛况,都不禁有无常之感。我们去瞻仰兴教寺、大慈恩寺等古刹。名刹多少还留点遗迹,所以西安一带,寺多僧少,地大寺小,隋唐佛教的光辉,在这里已完全消失了!

　　经洛阳、郑州，到达开封。铁塔寺与开封佛学社，都是净严法师主持的。净严是武院的老学长，从慈舟老法师出家。那时，续明也在这里。我经过一个多月的辛苦，病倒了，只能留下来养病，让演培与妙钦先回去。我住在佛学社，又上了现代佛教的一课。一位宪兵司令（大概是驻郑州的），有事到开封来，到佛学社来看净严法师。净严法师而外，戴湄川居士（前国会议员）也在座。这位司令谈起了佛法：他曾以"色不异空，空不异色；色即是空，空即是色"，考问过好几位法师。在重庆也问过法尊法师，也还是差一点。戴湄川说："司令对佛法真是深有研究了！"他说："抗战，剿匪，为国家服务，还不能专心研究；曾看过一部有注解的《心经》。"他走了，戴湄川说："好小子！我真想刮他两个耳光。凭他看过一部《心经》注解，就狂妄到那个样子！"这件事，对我的印象极深。出家人对佛法不大留心，而对军政名流、护法居士，却一味奉承逢迎，按时送礼请斋。说到佛法，自己不会说（也有谦恭而不愿意说），却来几句："大居士深通佛法"，"见理精深"，"真是见道之言"。被奉承的，也就飘飘然连自己的本来面目都忘了。凭固有的文字根柢，儒道思想，读几部经，看几则公案，谈禅、说教，就是大通家了！轻视出家人的风气，那位司令只是最特出的一位！为什么会这样？就是自己无知，却奉承逢迎，攀缘权势。所以，如果说有"四宝"，那只因僧不成宝，怪不得别人。我从不要求大居士的尊敬（对佛法的理解），也从不会恭维他们，免他们陷于轻僧、毁僧，连学佛的基础——皈依三宝功德都不能具足。

　　我准备要东下了。七月十五日，佛学社有法会。下午，忽然时局紧张起来,开封城外也听到了枪声。据说兰封的铁路被八路军扒了。沿陇海路东下的希望没有了,一切唯有让因缘来决定。隔一天,净严法师与我到了郑州。我再从郑州南下到武昌。在郑州着了凉,在武院咳嗽了一个多月,暂时留了下来。武院的房屋,在苇舫的努力下,正在补修恢复。

一九四七年(四十二岁)正月,我回到了上海,在玉佛寺礼见了虚大师。大师那时有说不完的不如意事,心情沉重。那时的杭州灵峰办理武林佛学院,演培与妙钦都在那里任教,所以我先到杭州去看看。大师说:"回来时,折几枝梅花来吧!"灵峰是杭州探梅的胜地。我去了几天,就得到虚大师病重,继而逝世的消息。我折了几枝灵峰的梅花,与大家一起到上海,奉梅花为最后的供养。我在开封,在武昌,一再滞留,而终于还能见到大师,也算有缘了!大师的弟子都来了,我被推主编《太虚大师全书》。这是我所能做的,也就答应了。与续明、杨星森在三月里到了雪窦,受到寺主大醒法师的照顾;《全书》到第二年四月才编集完成。

一九四七年与一九四八年,我都回过普陀山,那只是为了礼见先师。普陀山一切都变了,阅藏楼也变了,其实京、沪、杭一带的佛教都变了,变得面目全非。一切都变了,有一切无从说起的感觉。一九四八年(四十三岁),从普陀回杭州,要进行"西湖佛教图书馆"的筹备工作。经过宁波,到延庆寺,恰好见到了锡兰回来的法舫法师,他是去雪窦礼敬虚大师舍利而下来的。大醒法师感慨地说:"雪窦寺存有多少钱,多少谷,请法舫法师继任住持,来复兴虚大师主持过的道场。我说了两天一夜,现在连听

《太虚大师全书》编辑完成，编委
会同人与常住大众摄影留念

也不要听了！"我说："我来说说看。"我说明了雪窦寺的实况：雪
窦寺的好处——蒋主席的故乡，常住经济也可维持二十多人；雪
窦寺大醒法师也有些困难，最好法舫法师能发心接任。我说了
好处，又说了坏处(大醒法师专说好处)，法舫法师就接受了，忙
着准备晋山。虽然时局变化，等于没有这回事，我内心还是很欢
喜的。亦幻法师说："法舫住持雪窦，将来办学，印顺一定会来
帮助的。"这种适合一般人的想法，对我是不一定适合的。

九　厦门·香港·台湾

　　千僧斋,慧云交来的二十元,游兴勃发,三昧庵的突然相逢,武昌的病苦,使我意外地避免了敌伪下生活的煎熬。现在,又一次地避免了苦难,已经过了五十年的自由生活。我的身体衰弱,不堪长途跋涉。生性内向而不善交往,也不可能有奔向(语言不通的)香港与台湾的决心。我是怎样避免了的? 这是又一次不自觉地在安排,预先脱离了险地。

　　因缘是非常复杂的,使我远离政治动乱的苦难,主要应该是妙钦。妙钦与演培等在汉院同住了几年,在法义的互相论究中,引发了一种共同的理想。希望在杭州一带,找一个地方,集合少数同学,对佛法作深一层的研究。一九四七年(四十二岁)冬天,以佛性(禅定和尚的弟子,曾在汉院任监学)名义,接管杭州岳坟右后方的香山洞,筹组"西湖佛教图书馆"就是这一理想的初步实施。这是我对佛法的未来理想,理想只如此而已。在几位学友中,我是大了几岁的,隐隐然以我为主导,但我没有经济基础,连自己的生活都解决不了。那该怎么办呢? 当然写缘起哪(这是我的事),找赞助人哪(佛性出去跑了几趟),而主要却寄希望于妙钦的一位长辈。

妙钦是厦门(原籍惠安)人,与性愿老法师有宗派的法统关系。抗战期间,性老开化菲岛。一九四八年冬天,性老回国,在南普陀寺举行传戒法会。本来,性老与虚大师的风格是完全不同的。虚大师门下,在闽南长老,特别是性老的心目中,也没有留下良好的印象。我想,也许我是念公(福建金门人)的弟子,但主要是妙钦为我在性老前的揄扬。妙钦也希望我趁此戒会,与性老见面,可能将来会对我们的理想能有所帮助。性老来信,要我去厦门,随喜这难得的戒会,旅费也寄来了。说来有点离奇,传戒法会,远道去礼请羯磨、教授、引礼,是常有的;远道礼请人去随喜,是不曾听说过的。我不好辜负性老的盛意,只能以祝贺者的心情,由妙解(妙钦的师弟)陪从,离杭州而去厦门。

那时,已是一九四八年十月,金元券的价格开始下落。买轮船票不容易,妙解从(福建人开的)桂圆行弄到一张船票,上船交钱。两个人,一张票,上去了再说。等到轮船快开,也就是要买票了,才知道票价涨起十分之五,我们的钱只够买一张票了,怎么办?我当然是没有办法的。妙解展开了外交活动,用闽南话与人攀谈。一位(走单帮的)青年攀上了,他母亲是常去南普陀寺进香的。就凭这点,向他借到了买票的钱。年轻人有活力,能创造因缘,想到自己那样的纯由因缘的自然推动,实在太没用了。亏了妙解,我才能到达厦门。可惜他远去星洲,因缘不顺,年轻轻的早死了!

我就这样的,意外地到了厦门。传戒法会期间,见到了恩师念公上人与师弟印实。传戒法会终了,性老约我去泉州(我就只去了这一次)。先到同安的梵天寺,这里是先师念公,师弟印

实,我(先师为我代收)的徒弟厚学在管理。同安梵天寺,是著
名的古刹,但现在是衰落极了! 过了一宿,又随从性老到泉州,
住在百原寺(也就是铜佛寺)。泉州三大名刹——开元寺、承天
寺、崇福寺,及开元的东西二塔,都曾去瞻仰。性老留在泉州过
年,我先回厦门,已是年底,常住的年饭都已经吃过了。

清念上人(中),印顺法师(右),印实法师(左)

　　一过新年,一九四九年(四十四岁)正月,京沪的形势紧张,
我就住了下来。随缘办了一所“大觉讲社”,演培、续明也都约
到厦门来。到了六月,漳州、泉州一带,战云密布,我就与续明、
常觉、广范、传×,离开了厦门,到达香港。我怎么会到香港? 法
舫法师在香港,一再催我到香港,并说住处与生活一定会为我安
排,我多少有了短期可托的信念,而我内心的真正目的,是想经
云南而到四川北碚的缙云山。法尊法师来信:局势不妙,早点到
四川来(以为抗战时期那样的可以偏安),免得临时交通困难。

我对缙云山,是有一分怀念的,我就这样地到了香港。妙钦那时已去了马尼拉,寄一笔钱来,决定在港印行我在"大觉讲社"所讲的《佛法概论》。等到《佛法概论》出版,大陆的局势急转直下,缙云山已是可望而不可能再去的了。《佛法概论》为我带来了麻烦,然我也为它而没有在大陆受苦,因缘就是那样的复杂!

在香港三年,我又到了台湾。到台湾,应有三次因缘:一九四九年(四十四岁)初夏,大醒法师劝我到台湾,词意非常恳切,我也有了到台湾的意思。但他在信上说:"你来,住所我一定可以为你设法。"这一说,我可犹疑了。我不会闽南话;不会与人打交道,拉关系;我也不能帮常住的忙。寄居台籍的寺院,自觉难以适应,所以也就没有来。

一九五〇年(四十五岁),我住在香港新界大埔墟的梅修精舍。黄一鸣("国大")代表也住在大埔墟,曾见面数次。黄代表自认皈依太虚大师,也与灯霞相识。他要到台湾,见我们的生活太苦,劝我到台湾去。他到了台湾,大概在李子宽老居士(以下简称子老)面前提到了我,并说我想到台湾来。所以子老给了我一封信,首先表示欢迎,接着说:《大师全书》正在香港印行,希望我能继续主持,完成后再来台湾。《全书》的印行,我不负任何责任,所以当时读完了信,真说不出是什么滋味。其实,这是黄代表的好意,我当时并没有来台的意思。事后回忆起来,我应该感谢子老。因为,要等政局比较安定,政治更上轨道,一九五二年(四十七岁)秋天,我才可以来台。如一九五〇年就到了台湾,免不了一场牢狱之灾。远离政治动乱的苦难,我有意外的因缘;到台湾也就有较安全的因缘——因缘是那样的不可思议!

一〇　怀念大法师

一九三一年春,我到闽南佛学院求学。院长虚大师常在外弘法,院务由代院长大醒法师主持,同学们称之为大法师。由于我夏季多病,大法师推介我去鼓山,任涌泉佛学院教师;年底回闽院,大法师又要我为同学们讲课。我得到较多的休息时间,不健康的身体也就拖延下来。大法师对我的恩德,是难以忘却的。

大醒法师法相

大法师的名字——大醒,是虚大师给予的。虚大师的出家弟子,如大慈、大勇、大严、大刚等,都以“大”为名。没有从虚大师出家,而虚大师赐名大醒,这是众多学生中的唯一一人,也可见虚大师对大法师的厚望了!大法师于一九二四年秋入武院。一九二五年春,“武院同学会”编发《新僧》,大法师就从事虚大师佛教革新运动的宣扬。虚大师主持的闽院,一九二七年冬发生了革命性的学潮,南普陀寺的寺务与院务都陷于停顿。一九二八年春,大法师奉命去厦门,整理寺务与院务,编发《现代僧伽》。当时由于政局的变化，中国佛教会都无法成立，佛教到了危急存亡关头，所以对墨守成规的老法师、老居士，不免有评责的言辞；也就被看作"新僧"，受到传统佛教的嫌恶。说到新，我想从事实说起：鼓山办涌泉佛学院，请大法师为副院长，教师由大法师推介。鼓山虚云老和尚是禅宗耆老，怎么会请大法师呢？一九二七年冬，虚老经过厦门，来南普陀寺。那时正在闹学潮，学院停课，学僧的服装、行动，太不成样！一九三〇年，虚老又来厦门南普陀寺，大法师率领全体学僧，搭衣持具，向虚老顶礼接驾；并请虚老在讲堂中为学僧开示。两次的截然不同，使虚老对大法师的办学精神留下深切的好感。这所以鼓山办学，要请大法师负责人事的安排了。十月间，大法师又去鼓山视察学院，见我在房里抄录，他问我，我说："论中有重要教义、古代论师的独到思想，我摘录下来，作为研究资料。"他竟然说："好！这就是新，教理应有新的研究，不能老是背诵古德著疏，讲经了事。"还有，一九四七年在雪窦寺编纂《大师全书》，续明他们要我讲佛法，我就讲《心经》与《中观今论》。大法师总是穿了海青，严肃地坐着听。他表示了对佛法的敬重，为后生作表率。所以大法师的新，在虚大师门下，不是悲观——乐观与张宗载、宁达蕴等"新佛教青年会"那样的新，也不是亦幻、芝峰、枯木等思想左倾的新，而是近于闭关以后，虚大师热心复兴中国传统佛教的新。大法师的风格，热心于为佛教复兴而服务，长于处理事务，难怪虚大师要特给以"大醒"名字了！一九三四年底，虚大师辞去闽院院长，大法师也就离去了。一九三六年，住持淮阴觉津寺，创办觉津佛学院，发行《觉津月刊》，并主持七县僧众救护训练。大法

师与日僧关系良好，并承邀请访问日本，到抗战期间，自称"随
缘"，随缘自修，从不与日人合作。抗战胜利，大法师出任中国
佛教会整理委员会秘书长。一九四六年秋，虚大师要大法师继
任雪窦寺住持。好在这样，《大师全书》才能在时局动乱中完
成。在风雨险恶的时候，雪窦寺的太虚大师舍利塔，终于在一九
四九年一月六日完成。二月，大法师来台湾，鼓吹虚大师复兴中
国佛教运动的《海潮音》月刊也移来台湾发行。时局极艰困，大
法师在一九五一年秋，就新竹灵隐寺成立"佛教讲习会"，还是
为僧教育着想。大法师继承虚大师遗志，可说是能报虚大师恩
德的一人！

　　一九八五年，我读到二则文记，使我对大法师的怀念，有说
不出的感受。幻生在"一个别具意义的祝寿集会"——这是美
国方面的少数人士为我祝八十寿辰的集会上说："大醒法师曾
说：'圆瑛法师一生的著作，比不上印顺法师一篇文章的价
值'……经过三十多年，……深觉醒公此言不虚。……完全因
袭古人的旧说，怎能与印公导师的文章相比。"（《内明》一五九
期）文字的价值，虽因观点不同而可能不同，但大法师这几句
话，为了引起僧青年的注意，说得未免太重了！那一年，台湾方
面也征求各方，发起编集《印顺导师的思想与学问》。李恒钺的
《我从导师所学到的中观》末后说："第一，当然是谢导师。第
二，是谢已灭度的大醒法师。在我没听说导师（的名字）以前，
他对我说：你跟印顺导师学，他是太虚大师座下我的同门师兄。
说句实话，我给他的弟子作学生，都不够资格。"（《印顺导师的
思想与学问》一五一页）这句话的份量太重了！大法师是我的

师长,他却说是同门师兄;还说作我学生的学生都不够格。我那时还在香港,这样地推重我,无非希望我来台湾的话,他们会尊敬我,跟我学习。我来了台湾,到新竹找地建福严精舍,还住在一同寺。李恒钺、许巍文等少数居士来见我,要求我讲中观,我也就随缘讲说,每星期一次。我当时深感这几位求法心切,原来是受大法师称誉所引起的。我曾说:"学问是好事,每病在一'慢'字。"有些佛学知识,讲演弘法而被称为法师的,每会引发慢心。在"慢"的影响下,高高在上,即使从他修学或听他讲课,也不再提起了。大法师那样故意贬低自己,希望在家弟子能从他的学生学,在这末法时代,能有几人呀!我称大法师为"大悲菩萨之流也",菩萨道就是以大悲为主力的。悲怀人间而念念在复兴佛教,大法师是杰出的一人!

# 一一　墓库运还是法运亨通

一九五三年（四十八岁）夏天，我从台湾回香港，搬运书物及处理未了的手续。在识庐住了好几天，我对优昙学长说："我交墓库运了！"（这是家乡俗语，墓库运会遭受种种恶劣的境遇）他问我为什么？我将去年（一九五二年）的事告诉他。从去年起，种种因缘追逼而来，看来是非受苦难与折磨不可了。优兄为我欢喜，说我法运亨通。但到了现在，我还不能决定，这真的是法运亨通吗？

善于把握机缘的，人生是随时随地，机缘都在等待你。但在我自己，正如流水上的一片落叶，等因缘来自然凑泊。我不交际、不活动，也不愿自我宣传，所以我不是没有因缘，而是等因缘找上门来。这当然是生活平淡，少事少业了。可是一到一九五二年（四十七岁），因缘是一件件地相逼而来，有的连推也推不掉，这是我一生中仅有的一年。因缘的追逼而来，真是太不可思议了！这一年的因缘，值得一提的，至少有十件。

一、正月初三日，我与演培、续明等出门去拜年——没有别的，只是识庐与鹿野苑。到了香港识庐，续明去湾仔的香港佛教联合会，这是我们曾经暂住的地方。续明带回了一封信，信是去

年十一月中(却要在这一年收到)槟城明德法师寄来的。信中问我:听说你有一部《中观论颂讲记》,要多少钱才能印出?他愿意发心来筹募。明德法师与我过去并不相识,也没有法统的关系。这样的为法而发心,使我感动。后来筹集的款项,超过了印费,余款又印了一部《胜鬘经讲记》。为了付印,我又检读了一遍原稿,忙了好多天(校对由续明他们负责)。

二、当天下午,到了荃湾鹿野苑,这是江苏栖霞山的下院。我们那时寄住的净业林,就是鹿野苑三当家(当时的实际负责者)的精舍。到了新年,我们是应该来这里拜年的。那一天,明常老和尚提议,要我在鹿野苑讲一部经。既然住在净业林,这也就不能推辞的了。后在二、三月中,讲了一部《宝积经》——《普明菩萨会》。我的口才平常,又不会讲些逗人呵呵笑的故事,听众的反应平常。

三、演培年初就要去台湾了,我却发起了福严精舍的筹建。说来话长,一九五〇年所住的梅修精舍,是马广尚老居士为我们借来,原是可以长住的。净业林在青山九咪半,是鹿野苑三当家的精舍,最近翻修完成,邀请我们去住。三当家的一番好意,是应该感谢的!他肯这样做,应有演培,特别是仁俊(仁俊住鹿野苑,与三当家的私交很厚)的关系在内。我在香港,毫无活动。我们的生活,全靠马尼拉的妙钦支持。他不是为我们筹化道粮,而是将自己所得的单钱、忏资、俵钱,纯道义地为佛法而护持我们。不过,总不能老是这样下去,妙钦也有了去锡兰深造的计划。我是等因缘决定的人,到无米下锅时再说,但演培、续明多少为未来而着想,主张迁到净业林去(一九五一年,我们的生活费,还是自己负责的)。我是除非与大体有碍,总是以大家的意见为意见,所以我们就在一九五一年(四十六岁)春天迁到净业林去。现在回忆起来,这是走错了一步。对未来台湾的境遇,种下了苦因。但我哪里能预知,这是不可思议的逆缘!我到了净业林,仁俊也来共住;超尘(二当家)在这里闭关;悟一(四当家)管理庶务。我不大注意别人,也不想知道别人的秘密,所以平顺地住了一年。

　　到了年底年初,一项不平常的事件,也许别人不觉得,而我却深深地懊悔了,为什么要到这里来呢!事情是这样的:到了年底,三当家的头发,留得长长的,不肯剃去。到了新年,也不肯去施主家拜年,这是违反(鹿野苑)常例的。三当家的意思是:自己对鹿野苑战后的复兴,有过重大的辛劳,而弥光(应该是他的法师)却故意与他为难,所以他不愿再干了。这只是对付弥光的一项战略,结果是弥光被逼出去了。人与人是难免有摩擦的,但在佛教内有些不顺意,就以还俗的姿态来作武器;出家人可以使用这一绝招,那还有什么不能使出的呢!鹿野苑人才济济,上一辈是老和尚明常;中一辈是大本(即后来台湾的月基)、弥光;下一辈是五位当家。一门三代,年龄相差不太远。人人仪表堂堂,个个能唱、能念、能说、能写、能干。大家挤在一起,正如脂肪过剩一般。"一叶落而知秋",我似乎敏感,而事后证明为绝对正确。如一直寄住下去(那时我还不知道要到台湾),我们的处境会是很难堪的。但当时的鹿野苑声誉还好;我们受尊敬受欢迎而来,又凭什么理由而要离去?再迁到别处,不但对不住鹿野苑与净业林,也于自己有损。我与续明研究,唯一的办法,是自已创立精舍，才能不留痕迹地离去。这样决定了，就与妙钦说明。妙钦以去锡兰为理由，愿为我们成立精舍而作最后的服务。就这样，住在净业林而开始福严精舍的筹建工作。这是我被迫而自己计划的，但在香港是成功而又失败了，虽已找到了建地，却又改变主意而移建到台湾。

四、大概是三月里，优昙约我去识庐。荃湾芙蓉山的南天竺，有意要献为十方。优昙介绍敏智（武院同学）与我！敏智任住持，我与续明他们去弘法——两人合作。我不好却优昙的好意，曾与敏智去南天竺一次，但此事不成事实，后来是消息全无了。问题并不在我，而是敏智。敏智是有名的天宁寺大和尚，但并不是传说中有钱的那位天宁寺大和尚。大概行情明白了，也就免谈了。

五、优昙来信约我去识庐，因为冯公夏居士们要成立世界佛教友谊会港澳分会，我没有去。一次到了识庐，优昙要与冯公夏联络，我说："今天不便，下次再来。"我习惯于在僧团中自修，不会与居士们打交道（现在老了也还是这样）。但是，冯公夏等到了清凉法苑来。清凉法苑离净业林不过数十步，请我去午斋，这是无可推避的了。在席间，商量成立港澳分会，并请我担任港澳分会会长。这可说是给我的荣誉，是他们的好意，并无实际责任，我也就答应了。这是一件避也避不了的因缘。

六、香港佛教联合会改选，我被选为香港佛教联合会会长。这应该是优昙与陈静涛居士在后面策划的。我只出席了一次改选后的就职典礼。会务由副会长王学仁居士负责。这也只是一项荣誉，历届（海仁、筏可老）都是这样。在四、五月中，我一连戴上了香港佛教联合会会长、世界佛教友谊会港澳分会会长双重头衔，在我还是第一次。等到定居台湾，我就专函去辞谢了。

七、到台湾：这一年的离香港到台湾，与二十五岁的离家出家，在我的一生中，都有极深远的意义，但意义并不相同。大概是五月底，子老从台湾来信："中国佛教会"（以下简称中佛会）决议，推请我代表"中华民国"出席在日本召开的世界佛教友谊会第二届大会。议决案也抄了寄来，法师与居士们将去日本出席的共有三十人左右。我没有想到别的，只觉得：日本在现代的佛教国际中，说他俗化也好，变质也好，仍不失为佛教的一大流，应有他所以能存在又值得参考的地方。到台湾——其实是到日本去一趟，应该是值得的，我就这样地答应了下来。我是一向不注意别人的；子老不再说什么，只是说："预备好，等入境证寄到就来。"七月十五日前后，我到了台湾。去日本出席的代表，政府已限定为五人。我没有过人的才能，语言不通，子老却坚决地非要我去不可。等到我知道，去日本的期限也近了，只有随波逐浪，将错就错地错下去。

八、从日本回到台湾，已是九月天气。子老在善导寺护法会提议，聘请我当导师。他送聘书来，我说："南老是导师，为什么又请我？"子老说："善导寺的导师，不限一人，如章嘉大师也是导师，这是护法会表示的敬意。至于善导寺的法务——共修会、法会、佛七，一切由南老负责。"我就这样地接下了，这当然又错了一着。除了善导寺请我公开讲演几天外，我不参加善导寺的一切法务。那时，南亭法师（在我来台湾之前）已在新生南路成立华严莲社，就在莲社过年。我不愿留在寺中，被信众作为新年敬礼的对象,就到汐止静修院去度旧年。新年回来,住在善导寺,但南亭法师从此不再来了。逢到星期共修会,信众们见南亭法师没有来,就来恳求我讲开示,我就这样地随缘下来(我始终没有领导念佛)。我到了台湾,去日本出席的名额虽不知会轮到谁,但到底被我占了,占去了大家的光辉。到了善导寺,南亭法师不再来了,离开了台北的首刹。我是错了,我有意占夺别人吗?在我的回忆中,我没有这样的意图,错误的是谁呢?我自己比喻为:我到台湾,住进善导寺,正如婴儿的团地一声,落在贫丐怀里。苦难与折磨,是不可避免的了。因缘来了,我还有什么可说,只有顺因缘而受报了!

九、菲律宾侨领施性水与蔡金枪居士来台湾,特地到善导寺来看我,传达了性愿老法师的意思,请我到菲律宾去弘法。我以初到台湾,还不能来菲,希望不久能来菲律宾亲近——以这样的信,辞谢了性老。这虽没有成功,但实为一九五四年底去菲的前缘。

十、大醒法师去世了。一年多来,醒师病废,《海潮音》没有人负责,由李子宽、贾怀谦勉力维持下去。现在大醒法师死了,没有钱、没有文稿、没有负责人。虚大师创办的、维持了三十多年的《海潮音》,总得设法来维持。子老邀集部分护法来集议,决定由李基鸿(子宽)为发行人,推我为社长。社长原是虚名,不负实际责任的,但我却从此负有道义的责任。子老与编辑合不来,编辑不干了,子老就向我要人。一而再,再而三,我哪有这么多的办法? 一共维持了十三年——一九五三年到一九六五年,这一精神上的重压,直到乐观学长出来,任发行人兼编辑,我才如释重负地免去了无形之累。

一九五二年(四十七岁)的因缘,一件件地紧迫而来,不管是苦难与折磨,还是法喜充满,总之是引入了一个新的境界。我虽还是整天在房间里,但不只是翻开书本,而更打开了窗户,眺望人间,从别人而更认识到自己。

一二　香港与我无缘

　　出家来二十二年（一九三〇到一九五一年），我依附在寺院中、学院中，没有想到过自己要修个道场。一九四九年六月，到了香港，就到大屿山宝莲寺过夏。中秋后，移住香港湾仔的佛教联合会。十月初，马广尚老居士为我们借到了静室，才移住粉岭的觉林。一九五〇年，借住大埔墟的梅修精舍。一九五一年，又寄住到青山的净业林。由于净业林难得清净的预感，决定了自立精舍，这就是福严精舍筹建的因缘。福严精舍不是我个人的，为我与共住的学友——演培、续明、常觉、广范等而建筑的，也就是我们大家的。地也买定了；妙钦在马尼拉的普陀寺为我们举行了一次法会，集成菲币一万元寄来。小型精舍的成立在望，但香港建立精舍的计划终于变了。

　　我受中佛会的邀请，去日本出席世界佛教友谊会第二届大会；会期终了，回到台湾。子老留我住在台湾，我也没有什么不可，只是我在香港置了地，银行已有多少存款。这是我经手而不是我私有的，我不能将愿款放在自己的荷包里就算了。无论如何，我也要回香港去了结手续，将精舍建起来。我自己不住，也有广范他们要住。可是，我没有出境证，走不了。当初办理来台手续，一切由子老代办。办入境证而没有同时办理出境，现在回忆起来,子老显然有留我定住台湾的意图,也许他当时有此需要吧!我一再说起,非回香港去一次不可。子老提出了办法,要我先申请在台湾定居,政府知道我要定住台湾,就容易把出境证发给我。我来台湾,不信任他又信任谁呢?于是乎他为我办好定居台湾的手续。定居手续办妥了,立刻申请出境(又入境),可是石沉大海,一点消息也没有。到了一九五三年(四十八岁)二月,出境证还是没有消息。因缘决定一切,既然去不得香港,只有另想办法,设法将功德款移来台湾,在台湾建筑了。演培曾在新竹市青草湖灵隐寺讲课(那年上学期,将台湾佛教讲习会迁到善导寺来),所以介绍到新竹去找地,住在一同寺。一时也找不到理想的地方,直到四月中,才决定在一同寺后山俗名观音坪的,购定一甲零坡地,然后包工承建(全部约台币八万元)。当时有人议论我,一到台湾,就急着要建道场,谁知道我的事呢!

　　说来希奇,五月初,地也买定了,工程包好了,立即接到通知说我的出境手续还欠四张照片。我有点惊疑:难道我有去香港一次的机会吗?今天将相片缴上去,隔天就有出境(又入境)证发下来。后来听人说:这是政府的规定,凡是申请定居台湾的,六个月内不得出境。我不知是否真的有此规定,如真的有此规定,那子老为什么要我先申请定居,然后申请出境呢?我对香港并无特别好感,没有非住不可的理由。只是为了经手筹建手续,不能撇下不问。我一切是随因缘而流,子老为我安排一切,我能说什么。只能说:台湾与我有缘——有无数的逆缘与顺缘;香港与我无缘,没有久住的因缘。

　　就这样,福严精舍终于在一九五三年夏天,建在台湾省的新竹市了。

一三　漫天风雨三部曲

在一九五三年与一九五四年之间，我定居在台湾，受到了一次狂风骇浪般的袭击，有生以来不曾经历过的袭击。在我的平凡一生中，成为最不平凡的一年。我出家二十多年了，一向过着衰弱的、贫苦的，却是安宁的、和谐的生活。觉得自己与人无争，我没有到台湾，就受到了从台湾来的爱护。在我的平淡生活中，感觉到一切都是好的。

一九五〇年（四十五岁），住在大埔墟梅修精舍。忽接香港"应寄"的一封信，说台湾有人带了东西来给我，要我亲自去取。我感到非常意外，按信上地址，找到（靠近）半山区，见到了一位应太太，她是新近从台湾来的。她将美金一百元交给我，并略说内容：香港有人写信给南亭法师，说我们在香港精勤修学，却没有人供养，生活艰苦。南亭法师与白圣法师谈起，引起了对佛法的同情。钱是劝×夫人发心乐施的。她说：你知道了就好，写信谢谢白圣法师就是了。我是依着她的话而这样做了。这位应太太，我到台湾来始终没有见过，她就是现在纽约创设美东佛教会的应太太。我得了这笔意外来的布施，与演培他们商量，将自己的凑起来，又得陈静涛居士的发心，从日本请了一部《大正藏

福严精舍落成

经》（那时约二百五十美元左右），以便参考。大家心里充满了法喜，深感佛教同人的关护。所以我到台湾来，怎么也不会想到有什么意外的。有人说：台湾佛教本来平静，为什么印顺一来，就是非那么多！其实，我也正感到希奇：我没有来台湾，二十多年平静无事，深受（连台湾的在内）长老法师们的关护。为什么一到台湾，就成了问题人物！现在回忆起来，不是我变了，也不是长老法师们变了，主要是我出席日本世界佛教友谊会，住进善导寺。我不自觉地、不自主地造了因，也就不能不由自主地要受些折磨了。

一九五三年（四十八岁）五月中旬，我从台湾到了香港，运回了玉佛一尊，槟城佛学会（明德法师等）供养的；《大正藏经》一部；一些私人的衣物；筹建精舍的功德款当然也带回了。回台已是六月底了，为了精舍的建筑，布置佛堂及用具的准备，也觉得忙累。九月十一日，举行落成开光礼。十月中，在善导寺讲了一部《妙慧童女经》。十一月中，善导寺举行佛七及弥陀法会。身体衰弱的我，在这不断的法事中，没有心力去顾虑别的，不会去注意环境的一切。

暴风雨要来了，但不可思议的因缘也出现了！一九五三年十一月十七日（弥陀诞），是一个难于理解的日子。弥陀法会终了，我极度疲乏，要演培当天回新竹去，主持明日上午新竹方面每周一次的定期讲演。但演培回答说："不，我要去汐止弥勒内院看慈老。"他的个性、说话，就是这样直撞的。他非要那天赶去弥勒内院；慈航法师是他曾经亲近的法师，不忘师长而要去瞻礼，我是不应该阻止的。那天晚上，我赶回新竹而他去了汐止。由于身体的过于疲劳，心里多少有点不自在。

第二天下午，演培回精舍来，神情有点异样。据他说：他一到弥勒内院，慈老一见就说："演培！中国佛教，今天在我与你的手里。"演培惊异得有点茫然，慈老将一篇文章向关外（那时在闭关）一丢："你自己去看吧！"这篇文章的题目是：《假如（也许是"使"）没有大乘》。文章是慈航法师写的，是批评我，应该说是对我发动的无情攻击。文章的大意，说我要打倒大乘，提倡小乘佛教，提倡日本佛教。说我想做领袖，问我到底是谁封了你的。文章还只写成三分之一。演培就向他解释说："导师（指我）提倡中观，不正是大乘吗？怎么说他要打倒大乘？他还写了一部《大乘是佛说论》呢！日本佛教，导师以为在我国现有的社会基础上，要模仿也是模仿不成的。老师不要听别人乱说！"慈航法师与演培有师生的关系，对演培也有好感，所以说了大半天，终于说："好！文章你拿去，我不再写了，等打回大陆再谈。"

演培还告诉我：慈老向他做了个特别表情，轻轻地说："有人要他（指我而说）好看，等着看吧！"我听了这些话，似信非信，但那篇没有完成的文章，真真实实地摆在我的面前。我想，我称叹缘起性空的中道，说唯识是不了义，慈航法师提倡唯识宗，也许因此而有所误会。因此，我把这篇没有完成的文章，寄给香港的优昙同学——慈航法师的徒孙，希望他能为我从中解说，我是没有打倒唯识宗的想法的。不知道我是睡在鼓里，根本不是这么一回事。有眼不看，有耳不听，不识不知地过日子，竟有我那样的人！

　　我不能专顾自己了，非得敞开窗户，眺望这世间——宝岛佛教的一切，情况逐渐明白过来。原来，慈航法师写对我攻击的文章，已是三部曲中的第二部。长老大德们隐蔽起真情实况，而展开对我的致命一击。打击方式逐渐展开，以"围剿圆明"的姿态开始——第一部。由中佛会（李子宽主持的时代）派遣去日本留学的圆明，苏北人。他是白圣法师在上海静安寺的同事；南亭法师在上海青莲庵（在九亩地）的学生；也是来台湾后，追随慈航法师的得力助手。我在上海，也见过两次面，点过两次头。不会与人打交道的我，当然没有什么话说。不过在日本开会期间，倒也几乎天天见面。但这是大家在一起相见，不曾有什么私人的交往。圆明在日本留学，当然会受到日本佛学的某种影响（也可说是进步），写些介绍或翻译应如何改革的文章，在《觉生》（台中出版）上发表；《海潮音》也登过一二篇译稿。当然，他所说的，不合长老大德们的传统理念。不知为了什么，圆明在一次写作中，要台湾的法师们向印顺学习。苏春圃写了一篇批驳胡适的文字,请慈航法师鉴定。慈航法师是直性直心,想到写到,就加上"按语——一、二、三"而发表出来。圆明是胡适的崇拜者(六十年代,为了六祖《坛经》批评钱穆的杨鸿飞,就是圆明的现在名字;他似乎始终是胡适崇拜者),对苏文大加批评,并对三点按语,也一一地痛加评斥,结论还是要慈老跟印顺学习。这真是岂有此理!慈航法师是菩萨心肠,但到底没有成佛,对这些有损尊严的话,也还不能无动于衷。圆明有言论的自由,但我可被牵连上了。当时的中国(从大陆来的)佛教界,发动了对圆明的围剿,有批评的,有痛骂的,并由中佛会——会长章嘉大师、秘书长吴仲行,通知各佛教杂志,不得再登载圆明的文字。

在表面上、文字上,大陆来台的法师居士们,几乎是一致地痛恶圆明,但在口头宣传上,部分人(攻击我的核心人物)却另有一套。传说,不断地传说,传说得似乎千真万确,圆明不是要大家向印顺学习吗?传说是:圆明的敢于发表文章,是受到印顺支持的。进一步说,哪一篇文章是印顺修改的;哪一篇是印顺所写而由圆明出名的。甚至说:《觉生》的编辑部,实际是在新竹的福严精舍。无边的口头宣传,从台北到台中,到处流行(我偶尔也听到一点,但事不关己,一笑而已)。这么一来,圆明的一切,都应由我来承担责任。"邪知邪见"、"破坏佛法"、"反对大乘"、"魔王"……这一类词汇,都堆集到我的身上了。举一切实的事例吧!一九五四年正月初,台籍信徒李珠玉、刘慧贤(可能还有侯慧玉),是善导寺(护法会)的护法。他们从汐止静修院来,向我作新年的礼敬。他们说:"当家师说:圆明有信给慈老,说过去的文章,都是印顺要他这样写的,并非他的本意。"他们问我："到底有没有这回事？"我说："我也听说圆明有信给慈老。慈老与我，也可能多少有点误会，但我信任他的人格，他是不致于妄语的，你们倒不妨直接向慈老请示。"后来李珠玉等告诉我：慈老说："圆明只是说：他是为真理而讨论，对慈老并没有什么恶意。信里也没有提到印顺。"我说："那就是了，你们明白了就好。不必多说，多说是没有用的。"——明里是围攻圆明，暗里是对付印顺，这是漫天风雨的第一部。

由慈航法师写文章——《假如没有大乘》，是对我正面攻击的第二部曲。当时的慈航法师，道誉很高。赵炎午、钟伯毅等护法长者们，对慈航法师都有相当的敬意。如慈航法师而对我痛加批评，那么，护法长者们对我的观感是多少会有影响的。所以，长老法师们与慈航法师，平时虽未必志同道合，而为了对付我，长老法师们，还有少数的青年义虎，都一个个地先后登上秀峰山弥勒内院（当然一再上山的也有），拜见慈航法师。大家异口同声，要慈老出来救救中国佛教。要慈老登高一呼，降伏邪魔，否则中国佛教就不得了！长老法师们那样的虔诚，那样的恳切，那样的护教热心！在关中专修的慈航法师，终于提起笔来，写下了《假如没有大乘》。因缘是那样的不可思议，演培那天非要上秀峰山去见慈老不可！也就这样，剑拔弩张的紧张局势，忽而兵甲不兴。希有！希有！我不能不歌颂因缘的不可思议。

先造成不利于我的广泛传说，再来慈航法师的登高一呼，使我失尽了佛门护法的支持，那么第三部曲一出现，我就无疑地要倒下去了。虽然第二部曲没有演奏成功，但第三部曲的演出已迫在眉睫。"山雨欲来风满楼"，要来，总有将来未来的境界先来。十二月初八日晚上，善导寺（在我宿舍的外面客室）有一小集会。来会的，有白圣法师、佛教会秘书长吴仲行、南亭法师、周子慎居士。代表发言的是吴秘书长与周居士，问我对圆明的看法，是否赞同圆明的思想。我大概说：圆明留学日本，多少学到些治学方法；如考据是治学的方法之一，但考据的结果，不一定就是正确。我说：圆明译介部分日本学者的思想，至于圆明自己对佛法的思想如何，我完全不知道。周居士又说了些相当动听的话：台湾光复不久，部分还存有思慕日本的意识，我们万不能提倡小乘佛教，提倡日本佛教！但在我看来，日本佛教就不是小乘佛教，小乘佛教就一定反对日本佛教。说提倡小乘而又提倡日本佛教，原是极可笑的，但我又从哪里去解说呢！我只能对自己负责，我没有承认与圆明的思想一样（因为我不知道他的思想到底怎样），也不承认与圆明有什么关系（实在没有关系），这当然不能满足来会者的愿望。末了，吴仲行秘书长把桌子一拍说："为共产党铺路"（陈慧复居士在旁，为此而与他吵了几句），就这样地走了。这一小小集会，就这样地结束了。

吴秘书长的一句话，我直觉得里面大有文章，但也只能等着瞧了。这一晚的集会，我不知到底是谁安排的？目的何在？这可能是佛门的几位护法长者所促成（可能是子老在幕后推动）的，希望能见见面，交换意见，增进友谊。没有几天，在华严莲社又有一次（午）聚餐会，是护法长者们出名邀请的，法师与居士也来了好多位。午餐时，大家谈谈佛教，交换意见，并有以后能半月或每月举行一次的提议。护法长者们的好意是可感的！但第三部曲就接着正式推出了。

　　国民党中央党部,有一种对党员发行而不向外界公开的月刊(半月刊?),当时的最近一期,有这么一则:(大意是)据报:印顺所著《佛法概论》,内容歪曲佛教意义,隐含共党宣传主张,希各方严加注意取缔。这当然是佛教同人而又是国民党党员的,将我所著的《佛法概论》向党方或保安司令部密报,指为隐含共党宣传而引起的。吴秘书长就去见中佛会会长章嘉大师,认为中佛会应该要有所表示。章嘉大师是一向信任李子宽的,所以要他与子宽协商。那时,子老只是中佛会的普通理事,秘书长没有向他征求意见的必要,就立刻以中佛会(四三中佛秘总字第一号)名义,电台湾省分会、各县市支会、各佛教团体会员、佛学讲习会等,"希一致协助取缔,勿予流通传播",并以副本分送内政部、省政府、省保安司令部、省警务处、各县市政府,以表示中佛会的协助政府。这一天,是一九五四年一月二十三日。子老每说:"大家正高叫刀下留人,就咔嚓一刀地砍了下去,太厉害了!"

　　这当然是对我最严重的打击了。假使我一向是个活动人物,到处弘法,到处打交道的,经过中佛会的特电,也许会到处碰壁,避而不见,或相见而不再相识,"门前冷落车马稀",不免有点难堪!好在我与各县市佛教会等,一向没有联系,认识的也没有几人。我一向是从新竹福严精舍到台北善导寺,从善导寺到福严精舍及近邻一同寺。现在见面的,还是这几张熟面孔。大家(悟一与常觉新近从香港来,适逢其会,也难为他们了)不是着急,就气忿不平,没有嫌弃我的表情。所以我还是平常一般,不过心里多一个疙瘩而已。

　　中佛会行文以来,年底年初,传播的谣言也越来越多。有的说印顺被逮捕了,有的说拘禁了三天,也有说不敢到台北来,也有说躲起来了。我并不乐意去听这些,但偏有好心人要传到我的耳朵里。我心里有点惭愧了!古语说:我虽不杀伯仁,伯仁由我而死。现在是:我虽没有造口业,而无边口业却为我而造。我对子老说:"子老!我要辟谣。"他问我怎么个辟法?我说:"公开宣讲佛法。"于是正月十五日前后,在《中央日报》刊登了讲法的广告。讲了七天,听众倒还是那么多。讲题是:《佛法之宗教观》、《生生不已之流》、《环境决定还是意志自由》、《一般道德与佛化道德》、《解脱者之境界》。我这么做,只是表示了印顺还在善导寺,还在宣讲佛法。我以事实来答复谣言。这样一来,那些离奇的谣言——口业,大大地减少了,但口业是不能完全绝迹的。

　　在暴风雨的惊涛骇浪中,也许真正着急的是子老。他是我来台的保证人、邀我来台的提议者,我又是善导寺(善导寺由护法会管理,子老是护法会的会长)的导师。我如有了问题,他忠党爱国,当然不会有问题,但也够他难堪的了。而且,善导寺又怎么办呢!子老应该是早就知道的,知道得很多很多。他有时说:"问题总要化解。"他从不明白地对我说,我以为不过是长老法师们对我的误会罢了!但他是使我成为问题的因素之一,他怎么能消弭这一风波于无形呢!无论是围攻圆明,慈航法师出面写文章,以及向党(政)密告,而真正的问题是:我得罪(障碍了或威胁)了几乎是来台的全体佛教同人。

　　与我自己有关的是:一、我来台去日本出席世佛会,占去了长老法师们的光荣一席。二、我来了，就住在善导寺，主持一切法务。子老并没有辞谢南亭法师，而南亭法师就从此不来了。但是，离去善导寺是容易的，忘怀可就不容易了！这又决不只是南亭法师，善导寺是台北首刹，有力量的大心菩萨，谁不想主持这个寺院，舒展抱负，广度众生呢！三、我继承虚大师的思想，"净土为三乘共庇"。念佛，不只是念阿弥陀佛，念佛是佛法的一项而非全部；净土不只是往生，还有发愿来创造净土。这对于只要一句阿弥陀佛的净土行者，对我的言论听来实在有点不顺耳。四、我多读了几部经论，有些中国佛教已经遗忘了的法门，我又重新拈出。举扬一切皆空为究竟了义，以唯心论为不了义，引起长老们的惊疑与不安。五、我的生性内向，不会活动，不会交往，更不会奉承迎合，容易造成对我的错觉——高傲而目中无人。

　　子老，是使我陷于纠纷的重要因素之一。起初，他以中佛会常务委员身份，护持会长章嘉大师而主持了中佛会；又扶植（宋）修振出来主持台湾省分会；又是宗教徒联谊会的佛教代表。他未免过于负责，不能分出部分责任让佛门同人来共负艰巨，所以弄得大家不欢喜。出席日本的世界佛教徒友谊会，代表限定五人，而他偏要从香港来的我去出席。在我来台湾的半个月前，中佛会改选，他已失去了常务理事，而只是一位普通理事了。是非是不用说的，但足以说明中国（从大陆来的）佛教同人对他的观感。在人事方面，为了纪念法舫法师的追悼会（南亭法师不主张开，不来出席），子老开始了与南亭法师间的误会（这是陈慧复居士说的，但我想，不会那样简单）。白圣法师与吴秘书长是子老的同乡（白圣法师还是应城小同乡），而不知为了什么，彼此间都存有很深的意见。

当然最重要的，还是善导寺。善导寺是李子宽与孙（立人将军夫人）张清扬居士捐一笔钱而以世界佛学苑名义接下来的。为了维持困难，组成（四十八人）护法会，子老是该会的会长。在善导寺大殿佛像几乎被封隔起来时，长老法师们当然没有话说。等到善导寺安定了，清净了（部分还没有迁出去），信众逐渐集中起来，在长老法师们的传统观念里，寺院是应该属于出家人的。善导寺是台北首刹，大殿庄严，没有出家人来领导法务，是不行的。大醒法师离开后，子老曾亲自领导法务，讲过《金刚经》，但这是信众们所不能满足的，于是礼请南亭法师为导师。导师是只负法务，而不能顾问人事与经济的。这一局面，当然难以持久。恰好我来了，住进善导寺，衰弱的身体，也就将法务维持了下来。

这样，为了善导寺，对付子老，就非先对付我不可。如我倒了，子老维持善导寺的局面也就非成问题不可。这是长老法师们对付我的深一层意义（所以这次问题结束，善导寺还要一直成为问题下去）。

还有，演培是多年来与我共住的，过分地到处为我揄扬（续明就含蓄得多了），不免引起人的反感。他来台湾主持台湾佛教讲习会，与旧住台湾佛教讲习会的青年法师间有了问题。演培原是慈航法师的学生，但十多年来已接近了我。一九五三年春天，续明与仁俊到了台湾。年底，悟一与常觉也到了福严精舍。那时，慈航法师的学生——唯慈与印海已住在福严精舍。

而妙峰、幻生、果宗等，也到了新竹灵隐寺演培主持的讲习会来旁听。讲习会里，当然还有一部分台籍同学。这似乎是佛教青年向福严精舍而集中，这可能成为佛教的一大力量。圆明又这样地为我作不负责的义务宣传。长老法师们看来，对佛教(？)的威胁太大，那是不得了！不得了！无限因缘的错杂发展，终于形成了非去我不可的漫天风雨。

　　值得欣幸的是：当时的政府已经安定；政治已上了常轨，对治安也有了控制。所以，对于密报，或有计划的一次接一次的密报，如没有查到真实参加组织活动的匪谍嫌疑，决不轻率地加以拘捕。我在这次文字案中，没有人来盘问我，也没有被传询、被逮捕。由于政治的进步，我比(几年前)慈航法师及青年同学们实在幸运得多了。后来，以请求修改、重新出版而消散了漫天风雨。我还是过去那样地从善导寺而福严精舍，从福严精舍而善导寺。在中国(大陆来的)佛教界，从台中到台北，几乎全体一致的联合阵线，对我仅发生了等于零的有限作用。我凭什么？我没有祈求佛菩萨的加被，也没有什么办法。我只是问心无愧，顺着因缘而自然发展。一切是不能尽如人意的，一切让因缘去决定吧！

一四 《佛法概论》

《佛法概论》这部书,曾为了它(在香港)的出版,我没有转移到重庆,而免于滞留大陆。也为了它的出版,为人密报"为共产党铺路"。假使这本书是人的话,那应该说是恩人还是冤家呢!

一九五四年一月二十三日,中佛会特电协助取缔。子老要我呈请再审查。就在一月二十五日,请中佛会转呈有关机关,请求再予审查(附上《佛法概论》)。当时分三项来申明理由——"关于佛法概论者","关于个人者","关于来台以后"。"关于佛法概论者"部分,是这样写的:

> 共产主义之主张,主要为唯物主义、斗争哲学、极权政治。《概论》一再说到:佛法不偏于物;不从物质出发而说明一切;不同情唯物之认识论,且指斥为:结果反成为外界的奴隶……庸俗徇物。其非唯物主义,彰彰明甚。佛法重于自他和乐,重于慈悲,且指"惟有嗔恚,对有情缺乏同情,才是最违反和乐善生的德行。……恶心中,没有比嗔恚更恶劣的"。其反对残酷斗争,极为明白。至于极权政治,尤与本论相反。盖佛教僧团,纯为民主生活。"佛法的德行,

是以自他(和乐)为本,而内净自心,外净器(世)界。"纯本
于佛法立场,与马列之共产主义,绝无少分之相染。

北拘卢洲为福地,无家庭组织,故"无我我所,无守护
者"。无男女之互相占有,无经济之彼此私有,此全依经典
所说。若更有智慧与慈悲,则为净土。以世俗论之,此为古
代所有之理想社会,与礼运之大同、耶教之天国、西人之乌
托邦相近。此实为东西哲人共有之理想,而佛法则主以
"身心净化"、"自他和乐"、"慈悲智慧"之德行而实现之。
此为马列共产党徒所抨击,与斗争的共产主义绝不相合。
以印顺所解,民主自由平等之社会不应有问题,问题在仇恨
斗争之暴行,此国父之以斗争的共产主义为病理的是也。

《佛法概论》虽以避难香港,出版于民国三十八年。然
其中之第三章至十二章,并是民国三十三年在四川之讲稿,
且有据更早所说者,如《自序》所说。

《佛法概论》而被认为有问题的,主要是北拘卢洲。这原是
一九四四年在四川的讲稿,发表在《海潮音》,当时都是经过新
闻检查而刊布的。这一讲稿,还受到虚大师的奖金,我怎么也想
不到是会有问题的。四大部洲说与现代的知识不合,我解说为:
这在古代是有事实根据的,不过经传说而渐与事实脱节。拘卢
即今印度的首都德里,为古代婆罗门教的中心。北拘卢,也就是
上拘卢,在拘卢北方,所以说:"传说为乐土,大家羡慕着山的那
边。"我画了一幅地图,北拘卢泛指西藏高原。当时是抗战时
期,能说我所说的北拘卢洲(福地),隐隐地指共产区而说吗?
我对四大部洲的解说,与旧来的传说有点不合。这不是我的不

合！而是四大部洲的传说，与现代所知的现实世界不合。为了免除现代知识界的误会，作一合理的解说，这算"歪曲佛教意义"吗？其实，王小徐的《佛法与科学》、虚大师的《真现实论》，都早在我以前尝试新的解说，以免现代知识界的误会了。

过了几天，子老告诉我：这样的申请再审查还不能解决问题。为什么？这也许是政治的常例。既经明令取缔，不能就此收回成命。如收回成命，不等于承认明文取缔的误会了吗？子老要我申请修正，我就顺从他的意思，由中佛会转呈（二月五日），申请修正，呈文说：

> 敬呈者：印顺于民国三十八年，在香港出版之《佛法概论》，专依佛法立言，反对唯物、极权、残暴，以智慧慈悲净化人类。
>
> 佛经浩如烟海，《佛法概论》九十三页（解说北拘卢洲部分）所叙，因在逃难时，缺乏经典参考，文字或有出入。至于所说之北拘卢洲，虽传说为福乐之区，然在佛教视为八难之一，不闻佛法，非佛教趋向之理想地。必有真理与自由，智慧与慈悲，乃为佛徒所仰望之净土。
>
> 如九十三页有应行修正删易之处，当遵指示修改。恳转请政府明示，以凭修正。

这样的申请再审查，再修正，也有人来善导寺索取有关北拘卢洲的资料，抄了一大段的《起世因本经》回去。三月十七日，中佛会得到有关方面的通知，要我"将《佛法概论》不妥部分，迅即修改，检呈样本，以便转送"。这是准予修改而重新出版了。

对四大部洲的解说,没有改动,只将地图省去。对北拘卢洲的解说,少说几句,简略为:

> 北拘卢洲……大家浑浑噩噩,没有家庭组织;饮食男女,过着无我我所,无守护者的生活。没有肤色——种族的差别。……这该是极福乐的,然在佛法中,看作八难之一。……要在社会和平、物产繁荣的基础上,加上智慧与慈悲、真理与自由,佛法流行,才是佛教徒仰望的净土。

修正样本转了上去,到国历四月二十三日,得中佛会通知,将修正样本也发了下来,"希将印妥之修正本,检送四册来会,以便转送"。惊涛骇浪的半年,总算安定了下来。这一次,我没有办法,也从不想办法,在子老的指点下,解除了问题。虽然,他是我之所以成为问题的因素之一,我还是感谢他。

这一意外的因缘,使我得益不少。一、我虽还是不会交往,但也多少打开了窗户,眺望宝岛佛教界的一切,渐渐地了解起来。这可说是从此进步了,多少可以减少些不必要的麻烦。二、我认识了自己。在过去,身体那么衰弱,但为法的心,自觉得强而有力,孜孜不息地为佛法的真义而探求。为了佛法的真义,我是不惜与婆罗门教化、儒化、道化、神化的佛教相对立。也许就是这点,部分学友和信徒对我寄予莫大的希望,希望能为佛法开展一条与佛法的真义相契应,而又能与现代世间相适应的道路。《印度之佛教》的出版,演培将仅有的蓄积献了出来。续明他们去西康留学,却为我筹到了《摄大乘论讲记》的印费。特别是避难在香港,受到妙钦的长期供给。这不只是友谊的帮助,而实是充满了为佛法的热心。学友们对我过高的希望,在这一次经历中,我才认识了自己。我的申请再审查,还是理直气壮的,但在申请修正时,却自认"逃难时缺乏经典参考,文字或有出入"。我是那样的懦弱,那样的平凡!我不能忠于佛法,不能忠于所学,缺乏大宗教家那种为法殉道的精神。我不但身体衰弱,心灵也不够坚强。这样的身心无力,在此时此地的环境中,我能有些什么作为呢?空过一生,于佛教无补,辜负当年学友们对我的热诚!这是我最伤心的,引为出家以来最可耻的一着!

一五　余波荡漾何时了

　　漫天风雨所引起的惊涛骇浪，虽然过去了，多少总还有点余波荡漾。子老与善导寺还是这样，我还是这样，福严精舍也还是这样。老问题一模一样，怎么就能安定呢？我只惭愧自己的懦弱，多少做些自己所能做的。至于"报密"之类，事关机密，我根本不会知道，所以也从不想去知道。

　　一九五四年（四十九岁）十一月中旬，我应性愿老法师的邀请，去菲律宾弘法。直到一九五五年三月底，我通知子老，决定回台湾主持佛诞。不几天，我接到台湾来的欢迎信，盖着"欢迎印顺法师弘法回国筹备会"的木戳。我对欢迎欢送的大场面，一向感不到兴趣，所以立刻给子老一封信，信上说：有二三人来机场照料就好，"切勿劳动信众，集中机场欢迎"。四月初六日，我回到了台湾。起初，演培他们怕我着急，不敢说；但到了晚上，终于说出了紧张的又一幕。

　　弘法回国欢迎会的扩大筹备，是一位居士倡议的。中佛会紧张起来，立刻召开临时会议，要子老去出席。吴秘书长发言：印顺弘法回国，就这样的盛大欢迎，那我们会长（章嘉大师）出国弘法，又该怎样欢迎？这样的炫耀夸张，非制止不可。要子老负责,不得率领信众去机场欢迎(朱镜宙老居士也支持吴秘书长的意见)。子老说:"我可以不率领信众去欢迎,但我是要去的。新竹等地有人去机场,我可不能负责。"就这样,接受了"不得欢迎"的决定。到了当天,信众来多了。子老宣布:大家留在善导寺欢迎,不要去机场。信众人多口杂,闹烘烘的哪里肯依。子老又不能明说这是中佛会特别会议所决定的,真使他为难。忽然想起了,将我的信找出来,向大家宣读:"切勿劳动信众,集中机场欢迎",这是导师(指我)的意思,大家应尊重导师的意见,信众这才留在善导寺。我不是"先知",怎么也想不到中佛会会为此而召开会议。这是又一次的不可思议因缘,中佛会的紧急决议,帮助完成了我的意愿——"切勿劳动信众,集中机场欢迎"。

一九五七年(五十二岁)五月,我出席泰国佛元二千五百年的盛大庆典,回国经过香港。陈静涛居士对我说:"你上次(经过香港去泰国)离开这里,没有几天,就有人调查你来了。我说:印顺是太虚大师以下,我最敬爱的法师。我把办公桌上的玻璃板移开,露出我的身份证明,告诉他:我就是这里的负责人之一。你为什么调查?是报销主义吗(这句话的含义,我不太明白)?那人没趣地走了。"静老对我说:"我想你不会因此而懊丧的。你要信任政府,调查是对你有利的。"我说:"是的,台湾信徒也有人这样说。"那时,离一九五四年的惊风骇浪,已足足的三年了,余波还是在荡漾不已。

据说,我当然没有看到,对于调查我的案卷,堆积得也真不少了。我从这里,更深信世间的缘起(因缘)观,缘起法是有相对性的。有些非常有用,而结果是多此一着。有些看来无用,而却发生了难以估量的妙用。我的身体是衰弱的,生性是内向的;心在佛法,对世间事缘,没有什么兴趣。这对于荷担复兴佛教的艰巨来说,是不适合的,没有用的,但好处就在这里。我在香港三年,住定了就很少走动。正如到了台湾,只是从福严精舍到善导寺,从善导寺回精舍一样。在香港,属于左派的外围组织不少,局外人也并不明白。如我也欢喜活动,偶尔去参加些什么会,那即使签一个名,我就不得了。我凭了这无视世间现实,在政局的动荡中,安心地探求佛法,我才能没有任何忧虑地安然地渡过了一切风浪。

余波荡漾何时了?这大概可从中佛会(子老对中佛会的关系,一般是看作代表我的)、善导寺的演变,而作大概的推定。一九五五年八月,中佛会改选,理事长当然是章嘉大师,秘书长却改由林竞老居士担任。中佛会的力量有了变化。旧权力的恋恋不舍,原是众生所免不了的,于是种种为难,林竞竟无法推行会务,引退而会务陷于纷乱。章嘉大师迫得向"中央"呈请,停止中佛会的活动,于一九五六年八月四日,明令成立"中国佛教整理委员会"。到一九五七年夏天,整理改选完成。改为委员制,由"内政部"推派陈鲲任秘书长,使中佛会居于超然地位。一九六〇年四月改选,又恢复了理事长制,由白圣法师任理事长。为了适应教内的情势,前秘书长吴仲行只好屈居幕后。后来,吴秘书长有点厌倦,也许失望了,与白圣法师疏远了。末了,去执行律师的业务。大概一九五七年后,中佛会不会对我有不利的企图了。到了一九六〇年,我与子老的关系改变,子老也不再顾问中佛会,对我当更不会有什么了!

善导寺,起初我还是导师,这当然还要余波荡漾下去。后来我离开了,直到道安法师出来负住持的名义。子老对善导寺、我对善导寺的关系完全改观。此后,即使有些无伤大雅的蜚语,不妨说问题解决了。

因缘,无论是顺的逆的,化解是真不容易!

一六　我真的病了

　　一九三一年(二十六岁)五月起,我开始患病,终于形成常在病中的情态。但除了睡几天以外,还是照样地修学。我身高一七六点五公分。从香港到台湾(一九五二年)时,体重一百一十二磅;等到菲律宾弘法回国(一九五五年),体重不断减轻,减到一百零一磅。我是真的有病,病到不能动了。

　　在我的回忆中,夏天(厦门,尤其是武汉)天气热,日长夜短,往往睡眠不足,所以病泻以后,精神就一直无法恢复。身体弱极了,一九四一年(三十六岁)秋,曾因泻虚脱而昏迷了一点多钟。昏了二三分钟的,还有在重庆南岸慈云寺(一九四一年秋)、开封铁塔寺(一九四六年夏)等。我觉得,我只是虚弱,饮食不慎就消化不了罢了,我是没有病的。

　　一九五四年(四十九岁)底,肺部去照了一次 X 光,说我有肺结核。我没有重视,还是去菲律宾弘法。一九五五年(五十岁)回来,精舍的住众增多到十五六人,所以就开始作专题宣讲。但身体越来越不济了,饮食越来越不能消化。中秋前后,因服中药而突发高烧,这才到台北诊治,断为肺结核,要长期静养。于是在重庆南路某处,临时租屋静养,足足躺了六个月。

　　我的病也有些难以思议。经医师的诊断，我的肺结核是中型的，病得很久很久，大部分已经钙化，连气管也因而弯曲了。在我的回忆中，我只是疲惫不堪，没有咳嗽（伤风也不多），没有吐血，没有下午潮热的现象。难道疲惫不堪，就是这么重的肺病象征吗？年龄渐渐大了，坏也坏不到哪里去，后来索性不问它。现在回忆起来，我不承认有

印顺法师法相

病，对我的病是最适合的。如在抗战期间，一心以为有病，求医求药，经诊断而说是肺病，那时还没有特效药，在病的阴影下，早就拖不下去了。为什么不承认有病，不调理诊治？最主要的是没有钱，那么，没有钱也并不太坏。同时，我虽然疲累不堪，但也不去睬它。或有新的发见，新的领会，从闻思而来的法喜充满，应该是支持我生存下去的力量。我对病的态度是不足为训的，但对神经兮兮的终日在病苦威胁中的人，倒不失为一帖健康剂。

　　实际上，我那时是病轻累重。肺部是那样的大部分钙化了，也不该如此严重。饮食不能消化，经肠胃检查，也没有病，只是机能衰退。当时我使用日本进口的温灸器，增加饮食，帮助消化，身体一天天好起来，体重最高增加到一百三十四磅。从一九五七年（五十二岁）以来，我比出家以来的哪一年都要健康得多。然而，尽管健康，相反的身心都衰老了。

一九六七年(六十二岁)底,一九七〇年(六十五岁)夏,体重又不自觉地退下来(一百二十磅左右),又渐有疲累的感觉。检查了二次,肺部还是那样,其他也没有什么病。好心的弟子们为我求医求药。我有时似乎那么别扭,不要这个,不要那个。只因为我现在并没有病,是随年龄的增加而机能衰退。这应该说是老,老是终久要来的,你能使他不老吗?

一七　我离开了善导寺

　　一九五二年(四十七岁)来台湾,住在善导寺。不能回去,又别无去处,南亭法师又事实上辞去了善导寺导师,我就在这样的情形下长住下来。一九五三年底的漫天风雨,使我认识到问题的症结:住在善导寺,我是永不会安宁的。可是,子老虽为构成问题的要素,而问题的消散也还是亏了他。在道义上,我还不能说离去。一九五四年冬天,演培主持的台湾佛教讲习会毕业了,有几位想来福严精舍共住,所以我又增建了房屋。增建的是关房,关房外是小讲堂,另外有卧室四间。我是准备在可能的情况下,退出是非场,回精舍来与大家共同研究的,这是我当时的心愿。但一九五五年从菲岛回来,病就重了,足足地睡了半年。在我卧病的时间,善导寺法务由演培维持。

　　一九五五年底,子老在伍顺行的宴会中,受到了心悟的严厉指责,说他将寺院占为己有,不肯交给出家人。在这么多的人面前,应该是很难堪的。这还是老问题,善导寺的大殿庄严,地点适中,长老法师们,就是以经忏为佛事的,谁不想借此而一显身手呢!子老觉得不能再这样下去了,来与正在静养中的我商量,要我出来负住持的名义。我同情他的境遇,在可能的条件下答应了他。前提是：不能有住持的名义，而一切还是老样。因为这么做，将来被人公开指责的，将不是他而是我了。这就是，善导寺要改取一般寺院的规制。对寺务，旧有的积余，仍由护法会保管，移交一万元就得。以后，经济要量入为出，凡用之于寺院或佛教的，护法会不宜顾问。经济公开，账目可由护法会派人（定期地）审核。护法会不得介绍人来住，以免增多人事的烦累。子老都同意了，但还有更先决的条件：我一直还在静睡中，起来也未必就能躬亲寺务，要有一得力的监院，平时代为处理一切才成。没有人，那我也只有无能为力了。

演培来了，他是那么热心地希望我接下来。要有一位能代我办事的监院，要演培回精舍去与大家商议，看看有没有可能。他回来（似乎与悟一同来）答复我，商定的办法是：在三年任期内，由演培、续明、悟一——三人来轮流担任，并推定悟一为第一年的监院。事情就这样地决定了，一九五六年（五十一岁）正月底（国历三月四日），举行住持的晋山典礼。我是整整地睡了半年，从床上起来，就被迎入善导寺的。身体虚浮而不实，几乎晋山典礼也支持不下来（这是一直没有活动的关系）。那年秋季，又在南港肺结核疗养院住了三个月。这才明白了：病情就是这样，身体能这样也就很难得了，我不必再为病而费心。

悟一是香港鹿野苑的四当家，曾在净业林管理庶务，有过一年多的共住时间。由于净业林共住，所以在鹿野苑纷扰而混乱的情况中，经续明的推介，我为他办理手续来台的，来台就住在福严精舍。从一九五六年一直到我离开善导寺，悟一始终是领导寺众，早晚上殿，一起饮食，不辞劳苦。寺里有了余款，在取得我的同意之下,就用来修饰房屋,添置必须的器具。总之,悟一年富力强,有事业心,在民国以来,以办事僧为住持的原则下,这不能不说是难得的人才!

一九五七年(五十二岁),我决定要往来于福严精舍及善导寺之间。精舍增建以来,我没有能与大家共住修学,身体好多了,不应该重提旧愿吗?但是,因缘是不由自己作主的。国历三月四日,章嘉大师圆寂,善导寺忙了一星期。接着(国历三月十三日起),善导寺启建了七天的观音法会。国历五月七日,去泰国出席佛元二千五百年的大庆典,便中访问高棉,一直到国历六月七日才回台。半年的时间,就这样地溜走了,我能不为之而惆怅吗?在泰国时,老学长道源赞叹我的福报大——善导寺呀,福严精舍呀……我微笑说:"慢慢地看吧!"我对善导寺及出席国际会议,全无兴趣;加上了两种因缘,我定下了离开善导寺的决心。我觉得,那时离开使我不得宁静的善导寺,我内心可以对得住子老了!

哪两点因缘呢?

一、一九五五年冬天(我在病中),日本仓持秀峰等护送玄奘大师的舍利来台;子老就与仓持等有了联系,要送演培去日本,进行演培去日本的手续。子老曾不止一次地说:希望能得到当局的支持,派四五位青年法师去日本。做什么?当然是联系日本佛教界,反对共党了。子老忠党胜于为教,如派圆明去日本,圆明离佛教而为党服务,他觉得也是很好的,从不曾为佛教的人才损失而可惜。纯为佛教而努力,子老也许觉得并不理想。他从不曾真正地为佛教着想,佛教的青年法师,到底还有多少人呢！林竟不失为忠厚的护法长者！他在无法推行中佛会会务而辞去秘书长时，曾慨叹为："中佛会会务的困难，是将中佛会的任务，（不是佛教）看作政治的一环。"他说："这不是哪一位，在子宽主持的时代，就是这样了。"子老为演培进行手续，在我去泰国时已大体就绪。然子老与演培都不肯向我透露，生怕我会破坏了似的。既然这样地秘密进行，我偶然听到多少，当然也不好意思问了。子老是希望我为他维持善导寺的；而经常帮助我推行法务，相随十八年的演培，子老却要暗暗地送他去日本，我还能说什么呢！我从泰国回来，演培才向我说明，希望能给予经济上的支持。我说："这是义不容辞的，绝对支持。不过，希望以讲学名义去日本，要有讲学的事实而回来。"

二、悟一是江苏泰县人。南亭法师是泰县首刹光孝寺的住持；悟一曾在光孝寺读书，是离光孝寺不远的一所小庙的沙弥。大寺与小庙，地位悬殊，所以过去的关系平平。悟一到了台湾，除与同戒又同学的新北投妙然有良好的友谊往来外，平静地在精舍住了两年。自从到了台北，表现出沉着与精明。现在是善导寺监院，各方也就观感一新了。一九五六年那一年，章嘉大师呈请"中央"，成立了"中国佛教整理委员会"，以南亭、东初为召集人。这一中国佛教的动态，暗示着派系的对立。当时，有"苏北人大团结"的酝酿。演培是苏北高邮人，也曾为"苏北人大团结"而团团转。从大陆来台的法师，苏北人占多数。上有三老：证莲老（天宁寺老和尚）、太沧老（金山和尚）、智光老（焦山老和尚，南亭法师的剃度师），三老是不大顾问世俗事的。三老下有二老，就是被尊称为"南老"的南亭法师，"东老"的东初法师了。

长老是领导者,青年法师的团结,表现为《今日佛教》的创刊(这是一九五七年的事)。《今日佛教》有八位(?)社委,地位一律平等,以表示团结,这是以悟一为主力而开始推动的。我从南港疗养院回来,慢慢地知道了这些。这一地方性的团结,与中佛会的整理委员会相呼应。

悟一是沉着精明而有事业心的。从小出家,如老是依附平淡的、重学的、主张不与人(作权力之)争的我,虽然出家不是为了打天下,但到底是会埋没了他的才能的。自从到了台北善导寺,在"苏北大团结"中,倾向于苏北的集团利益(当然是为了自己着想)。对我与精舍,看来表面上还是一样,但我是深深地感觉到了。当时,为了整理中佛会,为了入党,子老、悟一、演培,正打得火热。我应该怎样呢!常住在善导寺,以法来约束一切,是可能的。要悟一履行诺言,一年到了回精舍去,也是不难的。想到了我的出家,我的来台湾,难道就是为了善导寺而陷于不可解脱的缠缚中吗?"苏北大团结",等佛教会改选完成,难道就不会以我为对象吗?台北首刹善导寺,对我没有一些诱惑力,我还是早点离开吧!我与悟一是心心相印的,他是会知道的(子老与演培,当时都不明白)。不过,我没有损害他,正如以建立福严精舍名义,而割断了与净业林鹿野苑的关系一样。

我以书面向护法会辞职。子老知道我决心要退了,就不免踌躇,请谁(为住持)来为他维持善导寺呢!他一再与我商量善导寺的未来人选。他提议福严精舍的三个人,我不能同意。最后我说:"要我提供意见,那么南亭法师是最理想了。不说别的,最近在整理佛教会的关系上,你们也非常的协力同心。"子

老不以为然，我说："那么道安法师，这是赵炎老（恒惕）、钟伯老
（毅，都是护法会的有力人士）所能赞同的。"他又不愿意，我说：
"那么演培吧！"我的话，其实我是讥刺的。子老一心一意的，觉
得演培在台湾未免可惜，而要送他去日本，瞒着我而进行一切手
续。可是，他竟然会（白费种种手续，而）将演培留下，继任善导
寺住持。在子老的心目中，去日本联络佛教界反共，还是不及为
他维护善导寺的重要！我的住持名义，仅一年半，我是将善导寺
交还护法会，我没有交给任何人。善导寺住持，演培是不适宜
的。但父子之亲，有时还不能过分勉强，何况师生！有些事，说
是没有用的，要亲身经历一番，才会慢慢理会出来。可是这么一
来，我对善导寺的关系，断了而又未断，断得不彻底。因为在长
老法师们看来，印顺交给演培，这还是印顺力量的延续。无论是
顺的因缘，逆的因缘，一经成为事实，就会影响下去而不易解脱，
因缘就是这样的。

在一九五七年（五十二岁）国历九月十五日，我正式离开了
善导寺，心情大为轻松。当时我以什么理由而提出辞退呢！真
正的问题是不能说的，说了会有伤和气。我以"因新竹福严精
舍及女众佛学院需经常指导修学，以致教务寺务，两难兼顾"为
理由。但就是这些表面理由，又成了逆缘，而受到相当程度的
困扰。

一八　有关建筑的因缘

　　建筑福严精舍以来，我主要有过五次的建筑——一九五三年建福严精舍，一九五四年冬精舍的增建，一九六〇年建台北市的慧日讲堂，一九六四年冬建的妙云兰若，一九八七年建的华雨精舍。说到建筑，要选择地点，筹划经费，即使包工，也要有监工的。这些，在我的回忆中，觉得有些因缘是难以思议的。

　　说到地点，福严精舍的筹建是在香港，地也买定了，款项也筹得差不多了（移在台湾的建筑费，主要是从香港带来的）。为了来台去日本出席世界佛教徒友谊会，一时不能回去，只好移建在台湾的新竹，这是出乎意外的。而更意外的是：地也买了，工也包妥了，出境证也发了下来。所以无论是顺缘，是逆缘，只能说是我的因缘在台湾了。

　　妙云兰若的建筑，是想觅地静修的。台中慈明寺主圣印介绍的北屯那块地非常适宜，准备订约了，临时想到水的问题而作罢。在高雄郊区，也看定一块地，准备决定了，听说大水会淹没而停止进行。觅地，实在是不容易的！嘉义居士们自动来信，为我找到一块山明水秀的好地，要我到嘉义去看。我到嘉义去看，地在兰潭旁边，风景不错，但附近军眷多，可能会烦杂些。不知哪位提议,苏祈财居士有一个果园,大家也就同去看看。果园(隔溪)对面,苏居士说:"这里,从前冈山玉明老和尚,曾在此静修;抗战期间,一位日本禅师也住过。"我向里面一望,阴森森的,杂树纵横,蔓草丛生,连片板也没有了。我说:"这里好。"偶然地经过,就这样地决定了。回忆起来,自己也说不出我到底看中了什么。我想,也许这块地有佛缘,与我有缘吧!

说到筹集建筑经费,有些非常意外,连说出来也许有人会怀疑的,但确乎是事实。一九五四年(四十九岁)冬,福严精舍要增建部分房屋。仅有台币一万元的积余,其余不知向哪里去筹措。我自己画了一纸平面图(大样而已),决定先去看一个人,并约一个人谈谈,再来切实进行。一个星期六上午,我从新竹到了台北市昆明街林慧力(慈航法师为她取的法名是"慈舍")家。坐下来,她就谈起:"我告诉我的先生,我有两个师父。胖胖的师父(指慈航法师)福报大,我供养些穿的吃的就得了。瘦瘦的师父(指我)福报差,在新竹有几个学生,听说还住不下,我想要多少发心。我的先生说:好! 乐捐三(或二,记不清了)万元吧!"我听得希奇,从怀中取出那张平面图说:"今天来正是为了这个呀!"这一因缘,是不可思议的! 慧力与她的先生关系早已非常疏远,最近忽而好些,有时来看看她。数月以后,移住新北投,这因缘怎么也不可能了!

下午,到了善导寺。晚上,约见的人来了。我要约见的,是刘亮畴居士。我没有见过他,也没有知道他的家世与现况。去年冬天,印海到精舍来住,带来刘居士的供养美金一百元,据印海说:刘居士常来善导寺借藏经,此外也不知道。当时我写信谢谢他，将近一年了，也没有联络。我为了增建，忽然想起了他。不过一向没有关联，也不存太大的希望。刘居士与太太——胡毓秀居士同来，我不会闲话，开门见山地说起为了事实需要，想有所增建。他就说："随喜！随喜！"指他的太太说："她也要发心多少。"他问我："香港有可信托的人吗？"我说："陈静涛居士是绝对可信的。"他没有说什么，只说："明天晚上再来。"就这样地走了。星期日晚上，刘居士夫妇俩又来了，拿出一张——应该是什么公司的股息单，两人都签了字，交给我，数目大约港币四五千元。刘居士又说："建筑费还不够，下次再供养一点。"后来，先后又交来台币，约值美金一千二百元。我的增建工程费，可以说，就在这出来的一天，就这样地解决了。这是可以求得的吗？是我所能想像到的吗？因缘实在不可思议！

建筑工程的进行，是很麻烦的。我没有建筑经验，也没有兴趣与精神去监督工程，那怎么办？我竟每次不用自己操心，而且人都去了别处。回忆起来，也觉得希有。福严精舍的建筑在新竹，工程包妥，出境证也发了下来。我急着去香港，一切工程由一同寺玄深的监督而进行。包工包料，工程还算不错。到一九五四年冬的增建，是购料包工。木材与水泥备妥了，工也包了，我就赶着去菲律宾。建材的管理与添购，工程的监督，由精舍的住众——悟一与常觉等负责。等到四月上旬回来，不但早已竣工，演培等都早已来住定了（精舍以后的增建，是常觉等经手，不能说是我的建筑了）。台北市慧日讲堂的创建，我那时正一年一度地要去菲律宾，这可为难了。曾任台北市"议长"林挺生先生的令堂，是皈依我的，法名法观。讲堂的地，也是向林府购

印顺法师于慧日讲堂前

买的。由法观从旁劝发,林煜灶老居士——林"议长"的尊翁,
答应为我负责工程的一切,建材,工人,以及佛龛、经橱、讲桌、水
池、草坪,一起承担。在我去菲律宾后,对讲堂的构造,还代作局
部的修正。讲堂是填土三尺,而磨石子没有少少裂痕,可见工程
是很实在的。全部建费,大数八十万元,我是几元几角都结清了
的。但一切由煜灶老居士负责代办,也是不可多得的因缘了!
我感谢他,也为佛法的感召而欢喜!讲堂后来又有局部的增建,
由黄营洲居士代为经营一切。妙云兰若在嘉义,我又人在台北,
不可能监督工程。天龙寺住持心一,发心为我监工,一天去(工
地)一次或两次,也真难为他了! 台中县华雨精舍的重建,是慧

瑞、慧琛等负责的。我经手的建筑,都不用自己监工。有人说我福报大,我不承认,我就是没有福德,才多障多灾。建筑方面,是佛法的感应吧! 也许在这点上,过去生中我曾结有善缘的。

一九　好事不如无

　　台北慧日讲堂的修建，是我主动地要这样去做的。我没有随顺因缘的自然发展，所以引起了意想不到的不必要的困扰。这又恰好与当时善导寺（与我断了而又似乎未断）的内部风波相呼应，增加了进行的困难。

　　我与老学长道源去泰国，经一个月的共同生活，他有所感地说："印老！你原来也是能少说一句就少说一句的。"我说："是的，你以为我喉咙会发痒吗？"我没有口才，缺乏振奋人心的鼓动力，对宗教宣传来说，我是并不理想的。我的对外宣讲，每是适应而带点不得已的。那为什么要建立慧日讲堂？我当时有一构想，佛教难道非应付经忏、卖素斋、供禄（莲）位不可？不如创一讲堂，以讲经弘法为目的，看看是否可以维持下去！我从不空言改革，但希望以事实来证明。而且，对精舍的学众，也可给以对外宣扬的实习机会。另一重要原因，是福严精舍在新竹，经费是依赖台北及海外的。海外不可能持久，而台北方面，福严精舍护法会还依赖善导寺（住持是演培）而活动。然在我的观察中，善导寺的问题，不久就要到来（这在演培、续明他们，也许不会理解，所以他们也不大热心于建立慧日讲堂）。到那时，与台北信众的联系将缺乏适当的地点。所以一九五八年（五十三岁）冬，就与几位居士谈起，要他们先代找一块三四百坪的地，等明年再进行筹建讲堂。我就到菲律宾度旧年去了。

我是一九五九年（五十四岁）八月七日（国历）回台湾的。在菲时，曾接到有关修建的两封信。一、精舍住持续明来信：国历四月四日，姜绍谟居士介绍一位徐（大使）夫人来参加般若法会。她愿以台币十万元，在精舍山上建一观音殿。续明不肯作主，说要问过老法师。二、曾慧泰来信：孙（立人）夫人张清扬居士，热心护法，将来建筑经费，想请她发心（据说：张清扬居士常去邻近的黄蕴德居士〔法名慧度〕家。谈起来，对现在的住处，也有些不满。对佛教，大有要护法而无从护起的感慨。慧度与慧泰、慧琦有往来，也就谈到了我，张清扬居士说了几句好话。就这样，他们直觉的以为可护助我修建讲堂了）。我立刻回信：在现阶段（立人将军已退职），孙夫人是绝对不可能的。佛教界的内情，居士们不完全懂得！被苏北佛教界推尊为少老的张少齐居士，与张清扬居士结成儿女亲家。张清扬居士也就常住在张府，很早就一切尊重张居士，以张居士的意思为意思，这怎么可以直接向孙夫人筹款呢！这两封信，结果都引起了意外。

我回到台北，曾慧泰与周王慧芬（法名法慧）居士非常热心。但有些话，我是不便向她们说的，只是劝她们不要向孙夫人募化。她们竟自以为然，去张清扬居士处，请她为讲堂的建筑而发心。没有几天，张少齐居士主办的《觉世》发表了消息，说得非常巧妙。大意是：印顺老法师有善导寺的大讲堂（我离去了善导寺，谁不知道呢），现又在台北筹建讲堂。老法师在菲律宾,有侨领供养美钞一万元;某大使夫人也发心多少,老法师的福报真大! 这一消息的反面意义是:有了大讲堂,为什么要再建? 要建,建筑费也足够了,不用再乐施。张居士真不愧为苏北佛教界的元老! 演培与隆根见了这一消息,赶着去质问张居士,认为不应该如此破坏。张说:据马路新闻(传说),还不止这数目呢! 两人无可奈何,气忿地来见我,我说:"你们去质问,根本就是错了!"这就是向张清扬居士募款得来的反应(还有与慧芬有关的无头信,可以不必说了)。

　　所说的徐大使夫人,在危难中曾蒙观音菩萨的感应,所以要发愿建像供养。徐大使调部服务,见到多年不见的老同学姜绍谟,知道姜居士现任中佛会常委,就把建观音殿的事全权拜托,这才介绍到精舍来。我在八月初,约见了徐氏夫妇与姜居士,我建议要在台北建讲堂,如在讲堂中供一观音像,可有更多的人前来礼敬。当然,一切以姜居士的意思而决定(后送来台币五万元而了结此愿)。徐夫人曾说到:北投佛教文化馆向她建议:修一观音阁,附几个房间。这里风景好,可以来度假、避暑,预算约三十万元。后来,有人说我抢了别人的护法。唉! 来精舍是那么早,我没有送礼,没有登门拜访,一切出于自愿,是我去与人争利吗? 这一切,归根结底,还是出于我筹建讲堂的一念,否则就不会有这些不必要的干扰! 其实,这只是小小的不如意因缘,更大的困扰,还在后面呢! 唉! 真是好事不如无!

二〇　实现了多年来的愿望

我到台湾来,有那么多的障碍,主要的症结,以住在善导寺为第一。脱离这是非场,是我经历了漫天风雨以来的最大愿望。一九五七年(五十二岁),我辞去了善导寺住持,这应该可以解决了吗? 然李子老竟把演培留了下来,由护法会请演培任住持,这所以我对于善导寺,断而又似乎未断。脱离是非场真不容易!

演培任住持,请悟一为监院;一九五八年底,又邀悟一的好友妙然进善导寺为监院(二当家)。演培出国了两次,等到回来,早上已没有人上殿,演培一个人去敲木鱼、礼诵。演培与妙然不和,悟一却表示在两人之间。恰好善导寺收回了部分房屋,悟一大加修理,为了装置卫生设备,子老与悟一冲突起来。子老一向以不用钱为原则,实在有点过分! 于是子老代表护法会,支持演培来对付监院。演培想得到护法会的支持而辞卸妙然,而子老有自己的目的,拟订了几项办法,主要是会计独立,想将经济从监院手中要过来。我回国不久,子老将办法给我看,又拿去给护法会的护法看,又回来对我说:"我告诉大家,导师(指我)也看过了。"我当时问他:"导师说什么?"子老答:"不加可否。"

还有,我辞退了,子老留演培任住持,演培是没有经济观念的。我为了十八年来的友谊,不能不对子老说(对演培说,他是不会懂的):"此次从泰国回来,发见账目有了变动。过去有了积余,将款存出去时,就明白地在账上支出,存在什么地方。而现在账上,悟一将一切外存都收回了。账上只是结存台币多少万,而不明白这些钱存在何处。"我当时说:"现在钱是不会错的(我交卸时,一一交清),但这一写账方法,你应该知道可能引起什么问题的。"子老说:"我知道,我会看住他。"子老那时,为了入党,为了佛教会(整理委员会)……大家好得很。他是护法会的住寺代表,他到底看住些什么? 等到与悟一闹翻,要会计独立,才把我的话提出来,对台中慎斋堂主说:"导师也说悟一的经济有问题。"话立刻传入悟一耳中,当然对我不愉快。子老老了! 不知"导师说"到底有多少分量,而只想一再地加以运用。

会计制度被破坏而建立不起来。一九六〇年,演培又增请隆根任监院(三位了),但也不能有什么用。到此时,一件事——我一直怀疑的事,终于明白了。隆根是我任住持时经悟一建议而邀来台湾的。一九五七年(五十二岁),我请隆根任副寺,也就是协助监院。隆根并不负责,悟一也没有说什么,这现象是离奇的,到底为了什么呢? 在善导寺纠纷中,隆根支持演培,内情才传说出来。原来,悟一是请隆根来任监院的,隆根也以任监院的名义而离开香港。但到了台湾,竟然不是监院,这难怪行动有点不合常情了。在这些上充分明白了悟一的雄才大略。他自己是监院,就会不得我(住持)的同意而去香港请监院,他早在为他的未来而布局,当时我虽不明白一切内情,而早就深刻地直觉得不对,但我可以去向谁说呢!

　　善导寺纠纷的本质,事件发展的趋势,我自以为认识得非常彻底,不存任何幻想。可是,一九六〇年(五十五岁)春天,我的忽然一念无明,几乎脱不了手。一直闹得不可开交,总不是办法呀! 我忽然想起,就与悟一等(善导寺全体僧众)谈起我的构想,一个息除净执的方案。当时,悟一听了也觉得满意,说自己是有人性的,也就是不会忘记这番好意的。于是由护法会推请证莲老与我商酌,拟订方案。主要为,一、多请几位长老为导师:住持不能任意辞退监院,要得多数导师的同意;反之,如多数认为处事不善而应加罢斥,监院也不能赖着不肯走。这是住持与监院间的制衡作用。二、大家分工合作:我那时在菲岛,与性老拟订的方案,想引用到善导寺来。监院既有了三位,那就一主事务,一主财务,一主法务,大家分工合作。想不到方案一经提出,竟引起了一片骂声。问题是:总揽事务的,就不能主管经济;要主管经济,就不能总揽事务。悟一到底是聪明的,大概想通了,这是与自己的权力有碍的。好在有护法陈景陶居士出来,抗论了一下,我与证老才从纠纷中脱出来。事后回忆起来,想不通自己为什么又忽而愚痴,这大概就是人性一面,在明知其不可能,而又多少存点侥幸心吧!

　　子老只为他的善导寺,决不为别人着想。他要演培来问我,能不能将慧日讲堂的建筑费,用来修建善导寺的大讲堂(演培那时可能也有这种想法的)? 演培在年底,还邀悟一去精舍,希望能解释误会。演培对悟一存有幻想,竟忘了苏北长老的话:"演培法师! 你不要听李子老的话,与印老远离一点,我们拥护你做青年领袖。否则,苏北人没有与你做朋友的!"这要到我的方案被反对,续明的《佛教时论集》被密告,演培这才渐渐地绝望了。我要去菲律宾时说:"你三年的任期圆满,可以辞退了!"

演培辞退了,由谁来为子老护持善导寺呢？一九六○年秋,由护法会礼请闽院学长默如住持。晋山那一天,监院就当众叫嚣诃斥子老。子老这才住入医院,尽其最后的努力。子老拟了以善导寺为"中国佛教活动中心"的提案,经最高当局核可。然后由中央党部、"内政部"等五单位,共同作成行政处分,交由中佛会、台北市政府执行。好在中佛会帮忙,悟一又着实努力一番,方案也就被搁置了。我从菲律宾回来,子老将情形告诉我,并且说:"我是胜利了。至于能否执行,那是政府的事。"有政治经验的人,到底是不同的。假使是我,那只有承认失败了。

默如又不得不辞退了。一九六一年夏,由护法会礼请道安法师住持,以尊重二位监院的确定地位为前提。从此子老也从事实经验中知道了悟一的确能干,是一位难得的人才。于是放下一切,一切由悟一去处理,也就相安无事,恢复了两年前的友善,在善导寺过着宁静的晚年。道安法师渐渐少来了,不来了,很久很久,一直拖到一九六七年冬天,才由子老向护法会推介,礼请悟一为住持。纠纷,是很不容易安定的。远些说,从我来台湾,住入善导寺开始。至少,在一九五九、六○、六一年——二年多的艰苦斗争,到此才可以告一结束。我自从离开善导寺,与善导寺的内部纠纷已没有直接的关系,但多少还要被子老与演培牵涉到。等到演培辞退,我多年来的愿望,才真正地实现了!

78 子老曾经写了一部《百年一梦记》,别的事情倒还记得清楚,独对于二年多为善导寺的护法奋斗,竟没有说到。子老毕竟老了！老年人是容易忘记近年事的。如挂在善导寺门口那块《海潮音》月刊社的招牌，也在纠纷中被拿下来而不知丢到哪里去。而一经和好如初，子老还想请悟一来共同保管《海潮音》的基金呢！子老毕竟是老了！

二一　内修与外弘

　　"内修,还是外弘?"记得演培曾一再问过我,这应该是反应了共住者的意见。回忆起来,只是惭愧,我是矛盾、困惑于内修外弘而两不着实。

　　到台湾以前,我依附学团,始终与共住者过着内修的生活,极为轻松。到了台湾,住进善导寺,为事实所迫,不得已而为信众们讲经说法,可说开始了外弘的生活。外弘,不是我所长的,而就子老的善导寺来说,不只希望你讲经说法,主持法会,还希望你能写反共文章(演培曾写一个小册子),写向共区的广播稿(演培写了些)。如有佛教的国际活动,你就去代表出席,这也是子老善导寺的光荣。一九五七年(五十二岁)夏天,出席泰国的佛元二千五百年庆典,我一直推说身体不好。我在新竹,接到子老从台北来信:为了代表出席,星期×某人要来,你决不能说有病。结果,人没有来,而我已被推派为代表。代表只有二人,甘珠尔瓦与我,其余的是观察员。我到了台北,道安法师说:"你去不去? 不去,得赶快辞呀!"我只苦笑了笑。我无意占去代表的一席,但我说要辞,会怎样伤害子老呢! 在这些上,我不能满足子老的要求,我比演培差得多了!

　　福严精舍于一九五三年九月成立,成一独立学团。子老见我有了负担,每星期还要往来,所以计算了一下,每月供养导师三百五十元。直到一九五四年底,还只有唯慈、印海、悟一、常觉——少数人。精舍的生活,除三百五十元外,凭讲经、主持法会(每次三百元),信众多少供养而维持。那时,我与精舍的经济是不分的,我建筑了关房,早有离去善导寺的决心。明年(一九五五年)住众要增多到十五六人,真是好事,但生活将怎样维持! 年底,应性愿老法师的邀请,去菲律宾弘法。将回台湾时,与瑞今法师商量,得到他的支持,愿意代为筹措生活费三年,这是我所应该感谢的! 那年六月,演培在善导寺成立了福严精舍护法会,善导寺护法会也每月乐助一千元(导师的供养三百五十元,从此取消)。从此,福严精舍的经济独立。我应该领导内修了吧,但是病了。一直到一九五七年(五十二岁)秋天,才离

印顺法师(前排左四)与僧众于福严精舍前

开善导寺而回到福严精舍。

演培住持善导寺，仁俊在碧山岩，常觉而外，仅续明在精舍掩关（就是一九五五年修的那个关房）。在台湾来共住的，有印海、妙峰、隆根、真华、幻生、正宗、修严、通妙，及几位年青的，中年出家的（如法融等）。当时成立了"新竹女众佛学院"，所以一面自己讲（曾讲《法华经》等要义，及《楞伽经》），妙峰、印海等也在女众院授课，希望能教学相长。一九五八年夏天，我又去了菲律宾。回来，就推续明住持精舍。对内的领导修学，也就由续明负责了。我那时有一想法——还是为了福严精舍，在台北成立慧日讲堂。希望精舍与讲堂能分别地内修外弘，相助相成，可以长久地维持下去。讲堂的建筑费，半数是从马尼拉筹来的，这都得力于妙钦，尤其是广范热心推动的功德。现在回忆起来，后人自有后人福，何必想得那么远呢！

对外弘，善导寺那段时间而外，慧日讲堂三年多，也着实讲了些经论，听的人还不算少。对内修，在台湾十二年（一九五二年秋——一九六四年春），我没有能尽力，除了病缘、事缘，主要是：从前那样热心地与同学共同论究，是有几位于佛学有些基础，能理会我所说的有些什么特色。在这些上，引起了大家为佛法的热心。在台湾呢，有的年龄大了，有了自己的倾向；有的学力不足，听了也没有什么反应；有的因为我的障碍多，不敢来共住。这样，我虽也多少讲说，而缺乏了过去的热心。

圣严来看我，说："老法师似乎很孤独。""也许是的。"我以《东方净土发微》为例，他说："新义如旧。"是的！说了等于不说。没有人注意，没有人喜悦，也没有人痛恨（痛恨的，保持在口头传说中)。他问我:"《掩关遥寄诸方》中说:'时难感亲依,折翻叹罗什',是慨叹演培、仁俊的离去吗?"我说:"不是的,那是举真谛(亲依)、罗什,以慨伤为时代与环境所局限罢了。"我想,如现在而是大陆过去那样,有几所重视佛学的佛学院,多有几位具有为法真诚的青年,我对佛法也许还有点裨益。虽然现在也有称叹我的,但我与现代的中国佛教距离越来越远了。有的说我是三论宗,有的尊称我为论师,有的指我是学者,让人去称呼吧!

学佛法的(男众)青年,是那样难得! 演培曾有去香港邀约的建议,这在别人是可以的,但经历了漫天风雨的我,是要不得的。旧有的几位,年龄渐渐大了,自然也有各人的因缘。妙峰去了美国,正宗去了菲律宾。续明在灵隐寺,有十几位年轻的台籍学生(还有几位是从军中退役下来的);三年后,又在精舍成立福严学舍。但在续明的经验中,似乎福严学舍没有灵隐佛学院时代的理想。其实,这不是别的,只是年龄长大,不再是小沙弥那样单纯了! 人越来越难得,精舍的少数人,常觉曾应仁俊同净兰若的要求,一再地推介过去,似乎也渐渐地少了。

我逐渐地认识自己,认识自己所处的时代与环境。不可思议的因缘,启发了我,我在内修与外弘的矛盾中警觉过来,也就从孤独感中超脱出来。所以说:"古今事本同,何用心于悒!"一九六四年(五十九岁)的初夏,我移住嘉义的妙云兰若,恢复了内修的生活,但那是个人的自修。我偶然也写一些,又把它印出来。但没有想到有没有人读,读了有没有反应。我沉浸于佛菩萨的正法光明中,写一些,正如学生向老师背诵或覆讲一样。在

这样的生活中，我没有孤独，充满了法喜。

这样的内修，对佛教是没有什么大裨益的。内修要集体的共修，仁俊曾发表"办一个道场，树百年规模"的理想。我惭愧自己的平凡，福缘不足，又缺少祖师精神，但热望有这么一位，"办一个道场，树百年规模"，为佛教开拓未来光明的前途！

二二 半天课

在台湾，为了不忍出家僧尼的失学，曾有过两次的"半天课"，但都因此而引起一些意想不到的困扰。不能怪别人，应该是由于我的不善处事吧！

一九五五年（五十岁）：智性长老在宝觉寺传戒，演培代表我去参加戒会。下年春，两位年青的新戒比丘——能学与传谛，来住福严精舍。精舍那时是典型的学团，我虽略有讲说，而主要是自己阅读研究。这两位新戒，没有佛学的基础知识，怎能自修呢！我与精舍同人商议，请法师们发心，于一九五六年下学期起，为他们二人每日讲半天——两节课。这样，"半天课"就开始了。消息传出，新竹年青的尼众（或准备出家的），有六七人来旁听，威仪与程度也还不错。演培与一同寺玄深谈起，尼众无缘进修佛法，太可惜了！这样的激发、鼓励，"新竹女众佛学院"就于一九五七年秋在一同寺成立了。我与演培负正副院长名义；学院的教师，由精舍法师们负责；住处及经济生活，由一同寺负责。（后来感觉到：学生要有女众来领导，才邀香港的黄本真来台，负监学的责任。）学院成立，我要离开善导寺的因缘也成熟了。我向善导寺护法会辞职，不能说内心的真情，而说"因新竹福严精舍及女众佛学院需经常指导修学，以致教（育）务（善导）寺务，两难兼顾"。就这样，引起"相当程度的困扰"。台北的信徒们，当然希望我常在台北，这才能多多听闻佛法。而玄深的作风，有几位女信徒并不赞同他，所以我离台北而回新竹的辞职理由，有人竟说我"一心一意为尼姑"了！这真是天大的笑话！但因此引起少数信徒与玄深间的磨擦，使我为难！

一九五七年冬，学院中有一位孙姓的学生要出家，玄深劝我为她剃度，我以没有女众的道场来推辞。他说："将来住在一同寺好了。"我就这样地为她落发，取名慧瑜。我在大陆出家来二十多年，都住在男众的道场。到了台湾，为了觅地建筑，才往来女众的一同寺，对台湾佛教广大的女众（出家的与斋姑），没有什么了解。第二学期，为了服饰与威仪，学生以出家尼众为限；这样，学生有五六人出家了，我也收了慧理出家。后来，本真也剃度了，名慧莹。其实，我没有尽到对弟子的义务。我住在福严精舍，一九五八年（五十三岁）起，每年去菲律宾三四个月。从我出家的弟子，与一般学生是没有什么差别的。

一九六〇年（五十五岁）：夏季，新竹女众院已三年要毕业了。那时，我有一意见：尼众教育，最好由尼众来主持，可以更为理想。如办一高级班，培养几位能领导、教学的尼众，而比丘在必要时从旁协助，那不是可以实现这一理想吗？玄深也相当同意，只是一同寺要进行建筑，无法兼顾，所以热心地介绍到台北的平光寺，这是他师兄的道场。一九六〇年底，台北的慧日讲堂也落成了，精舍的法师有几位去台北，所以玄深的建议倒不失为可行的办法。这样，慧瑜等就去平光寺住；慧瑞、慧钰也剃度而住到平光寺去。在高级班的筹备进行中,觉得住持没有受过尼众教育,可能在见解上不易融洽,所以我不再主动推进而停止下来。

高级班不办了,那慧瑜她们也不宜这样长住下去了。当一九五六年我的肺病沉重时,台北(主要是台湾)的少数信徒买下临沂街的一所静室,供养我作休养的场所。现在长住慧日讲堂,身体也好多了,所以将临沂街的静室出售,转购离慧日讲堂不远建国北路的一楼一底,慧瑜她们也就移到这里来住。早晚课诵、经济生活,都自立而与讲堂无关。那时的慧日讲堂,是名符其实的讲堂。一年的四季(晚上)讲经,短也在半月以上。一年三次法会,星期日共修,都有开示。住在建国北路的慧瑜她们,当然会按时来讲堂参加。她们白天都住在建国北路。我忽然想起:她们的程度,还不能自己阅读进修,整天无事,可能烦恼会多些。不如在讲堂里上午开两节课,让她们能多多充实佛法。这样,第二次的"半天课"又开始了。佛法,由讲堂的法师主讲,并请一位叶老师教授国文。开班以后,除慧瑜她们外,还有二三位信女来旁听,这应该是一件有意义的事吧!

我依佛法的立场,创建福严精舍与慧日讲堂,不是看作自己私有的。我有"内修外弘,两不着实"的感觉,决定三年后退位,另选讲堂住持。精舍与讲堂,我当然可以长住的,但建国北路决不是慧瑜她们久住的地方,所以我有为她们建一清净的小型精舍的构想。而且,我是出家于普陀山的福泉庵,为时局所限,不能回去探望,不如称之为福泉庵,以纪念师恩。这一决定,托曾慧泰居士等代为择地,终于在银河洞附近,费了十万余元,购得一处附有农田的山地,非常清净,这应该是很理想的。

地买定了,有慧观乐助五千元。我提到建筑福泉庵,大陆来台的女信众,都没有表示;新竹精舍的法师,也有不同意的。我警觉而加以探究,大概年轻的女尼不懂得处世应对,不能得到信徒的好感。特别是"半天课"以来,不论白天、晚上(讲经时间),信众来讲堂,建国北路的几位女尼早已来了。讲堂的比丘法师不多,信徒们可能有男女众杂处的感觉。为了这,一九六三年(五十八岁)二月初,召集了一次七八人的集会,也有新竹法师来参加。在会谈中,竟引出一件意外的信息。一九五九年秋天,为了慧日讲堂的建筑,我与演培在平光寺,聚集了十多位信众来商议。末了,演培起来说:"慧泰与慧教,年高而不能太辛苦了。筹款的事,台湾信徒,希望李珠玉;大陆来的信徒,希望周王慧芬,多多发心联络推动!"这原是我体谅年高者的意思,但引起了误会。慧泰提出了这番旧话说:"自己年高而没有用了!"我问:"那为什么这样热心地为我找觅建地呢?"(不买地岂非就没有事?)她说:"师父交待我,我当然要去做呀。"我理会到多方面的问题,所以说:"我尊重大家的意见,福泉庵不再建筑了。建国北路方面,过了二月十九的观音法会,决定解散。"事情就这样决定了。慧瑜她们知道了,当然心情苦恼,到哪里去呢? 大家集体同行,(杨白衣介绍)借住台南的菩提寺;约四个月后,又移住赤崁的净华寺,以后才渐渐分住了。我听了玄深的话,开始收女众为徒,自己不能多教导,让她们自立。回想起来,总有一番懊悔,也有一番歉意!

建国北路(房屋后来卖去,在嘉义建妙云兰若)的人事解决

了,但银河洞那边的这块地怎么处理呢？我想:买地的钱,是我
拿出来的,但这到底是以前信众供养的,我还是结个善缘吧！谁
要在那边建佛院,我就无条件地给他。首先,乐观长老要建一道
场,我带他去看地,并把所有权状交给他。只要他决定在那边兴
建,我就办赠与手续。但后来,乐老觉得路小而又上高坡,运费
倍增,自己无力兴建,将所有权状还我了。一九六五(或六六)
年,慧琳去海会寺安居,认识了明彻,两人情投意合,想建一精舍
好好修行。慧琳与明彻来见我,希望我赠给他们。我同意了,他
们就在那边山坡上建立妙慧精舍。二人的风格很特殊,在漫长
的二十年中,不收徒弟,也没有什么信徒。到了晚年,两人忽而
意见分歧,纠缠不清。唉！如没有佛法的正见、正信,也许会说:
这块地是使人一直困扰的地呀！

二三　游化菲律宾与星马

　　我来台湾以后,曾去过日本、美、泰、高棉、菲律宾、星加坡、马来西亚。日本与泰(及高棉),是去出席佛教国际会议的集体行动;去美国是为了养病,所以说到出国游化,那只是菲律宾与星、马了。

　　去菲律宾的因缘,主要是妙钦的关系。一九五二年冬,性愿老法师就托施性水等来邀请。到一九五四年(四十九岁)底,我才初次到了菲律宾的马尼拉。那时,妙钦去锡兰深造,我是住在

印顺法师在菲律宾信愿寺讲学后与信众合影

华藏寺。正月中,曾在信愿寺(七天)、居士林(三天)说法,听众还能始终维持。居士林的施性统、刘梅生居士,邀我去南岛弘法。曾在宿务、三宝颜、古岛、纳卯说法。在宿务——华侨中学操场的晚上说法(三天),听众最多,这是吴陈慧华居士(一般人称之为"屋婶")的号召。我来往宿务,就是住在吴府的。慧华是极虔诚的一位善女人,在宿务有良好的声誉。南岛的一月,正是热季,多少辛苦了些(回来病就渐渐重起来)。但宿务的说法因缘,有一意外收获,那就是慧华与梅生共同发起了创办普贤学校。后来,唯慈一直在那边服务。

　　一九五八年(五十三岁)夏天,我又到了马尼拉,正宗同行。那时,妙钦已经回菲了。这一次,是为性老讲经祝寿而去的。我讲的是《药师经》,由妙钦译为闽南语。菲律宾的佛教,由性老开化,时间还不久。僧众少而又都是从闽南来的,还保有佛教固

印顺法师(后)在菲律宾弘法,前为妙钦法师

有的朴质。我那时的印象，菲岛的佛教，是很难得的。信愿寺自性老退居以来，由瑞今法师任住持，也好多年了。那时已向性老辞退，而寺务还在维持。性老在郊区，又另建华藏寺。性老有二寺合一的构想，合一应该说是好事，但信愿寺住持还不曾解决，二寺联合的住持，应该更难产吧！就在这样的情况下，我被推为二寺的联合上座（住持）。我不是闽南人，在我的心目中，这里的佛教，总是要闽南大德合力推动的。我只能看作机器的润滑油，偶然一滴，希望能顺利地推行下去。从一九五九年到一九六一年，我每年都来菲律宾一趟。弘法是虚名，对寺务——二寺合一的工作，也因人少而仅有形式。如要说做些什么，那只有促成能仁学校的成立了。瑞今、善契、如满、妙钦诸法师，都热心地想成立一所学校，由信愿寺来支持。对于办学，性老是从来不反对的。但闽南的法师们，似乎非常地尊敬前辈，没有性老肯定的一句话，也就不敢进行而一直延搁下来。我觉得，这是容易的，一切齐全，只缺一滴润滑油而已。我以"大众的决定"为理由，向性老报告，性老也没有话说，能仁学校就这样地开始进行。学校成立以来，信愿寺全力支持，由妙钦去亲自指导，听说已由小学而办中学了。我应性老的邀请而往来菲岛，并不能符合性老的理想。而对妙钦的良好建议，我也没有能实行。回忆起来，好似有什么亏欠似的！

　　一九六八年（六十三岁）冬天，我去了星、马。星、马，我应该早就去了的，特别是一九五八年，星、马的佛教同人知道我到了马尼拉，就联名来邀我，我也准备去了，但结果没有去。因为，一、我早有去星、马的可能，但有人忠告我：星洲的政治情况复杂,千万不要去,以免再引起不必要的困扰。这次,我是决心不管这些而要去了。但星加坡政局,恰在这时候变化,李光耀领导的人民行动党胜利了;那时是联共的,连党名也加上"人民"字样。趁这个时候赶着去,自己也觉得有点不合时宜。二、金门炮战发生了,我身居海外,觉得情况严重,我应该回国与大家共住。其实台湾的人心非常安定。就这样,我临时改变了主意,对星、马佛教同人的那番热心,我非常抱歉,这也许因缘还没有成熟吧!

一九六八年(六十三岁)冬,演培在星成立般若讲堂,定期举行落成开光典礼,请我去开光。我那时身心渐衰,已失去了游化的兴趣。但演培一次一次地函请,我一定不去,以过去的友谊来说,似乎不好意思了。去吧!就约常觉也去。

般若讲堂落成开光典礼

在星、马,有的是厦门相识的道友,如广洽、广义、常凯、广周、广净、广余……本道是戒兄;优昙与竺摩是老同学;胜进与明德法师,曾多次通信,而对我作道义上的鼓励。般若讲堂的演培、隆根,那是不消说了。印实师弟而外,还有慧圆、慧平等前年(一九六五年)来台湾依我出家的好几位弟子。我一向是平淡的,无事不通信的。大家相识而没有过分亲密,也就没有什么大障碍。所以星、马的游化,在平和的情况下,到处受到亲切的招待。

这次在星加坡,主要为一九六九年正月佛教总会为我安排的,假座维多利亚大会堂的两天讲演,讲题是:《佛法是救世之仁》。又在弥陀学校说法。我去了印实为纪念先师而成立的清念纪念堂,又去了先师旧住的海印寺。曾在般若讲堂举行了几次皈依。陈爱礼女士也就在这一期间皈依并受了五戒。这次在星,见到了闽南长老转岸老和尚,见面时异常的亲切。唯一美中不足的,是总会会长宏船法师恰在病中疗养,没有能作多多的晤谈。

本道戒兄为我办好了手续,我就从星加坡去马来西亚,首先到了槟城。这是一个有名的花园都市,风景优美,我就住在竺摩法师的三慧讲堂。在讲堂讲了一部《心经》,也曾在菩提中学讲演。由此到怡保,晤见了胜进与宗鉴法师。然后上气候凉爽的金马仑,本道老要在这里开建大道场。陪我从金马仑下来,到马来西亚的首都吉隆坡,见到了镜盦法师。普陀山鹤鸣庵广通老和尚派下的盛慧,那时已老病龙钟(与我是亲房同辈),也难得地见到了。然后到马六甲,会到了对佛教有能力、有热心的金明、金星两法师。又经麻坡,峇株巴辖而回到了星加坡。在怡保、吉隆坡、巴生、马六甲、麻坡,都有一次或两次的演讲,只可惜我的语言不能畅达。近一个月的时间,经这么多的地方,访问、应供、讲话、长途汽车旅行,我的身体竟然维持了下来,我也有点感到意外了!

在星加坡时,广义法师提议,愿意为我发起筹措出版的费用;印实也要举行法会,以法会的所得,为我作出版印刷的费用。我觉得,在星受到佛教同人太多的优待,而自己不曾能在此多结法缘。这么做,会被误会是为了化缘而来的,所以我辞谢了。我深感二位对我的好意!

一九七二年(六十七岁):腊月二十一日,在顾世淦居士的陪同下,我乘飞机去美国。我一九七一年冬的大病虽脱离危险期,但一直衰弱而不能恢复。美国佛教会沈家桢居士邀我去美国静养,所以这是为了休养而去的。中途经日本东京,在旅馆休息二天,仅与圣严、吴老择等相见。第三天到了纽约,第一次坐了轮椅出机场。在纽约,见到了乐渡、敏智、仁俊、妙峰、浩霖等多位法师。我住在纽约长岛的菩提精舍,多承日常法师照顾一

一九七二年在纽约

切,过着清幽安静的山居生活。住了半年,体重从四十二公斤而增加到四十六公斤,身体是好得多了! 在纽约时,受沈居士的供养,他劝请我长住纽约,为我办理居留证——绿卡。在医院检查肺部时,知道四十多年的宿疾痊愈,可说是难得的喜讯! 旧历六月底,由日常陪同返台。回国以后,身体又瘦弱下去,不能如期回美,可说辜负了沈居士的一番好意! (去美国是为了养病,说不上弘化,这只是附录于此。)

一九七六年(七十一岁):正月十七日,我乘机抵菲律宾马尼拉,住大乘信愿寺,明圣随行。在我多次出国中,这是自动出国的一次。去年秋季,马尼拉有人来访,知道妙钦患有肝病。知道我的病得张老居士治疗而有效,所以请我代为介绍,没有经过诊断,也据口述病情而取了一服药回去(据说没有服用)。今年,知道病情更重了。想起当年他对我的了解与支持,怀念不已而特地去探望他。每日去医院小坐,正如《学谱》所说:"别来十五年,倍觉亲切,相对默然。偶尔闲话佛门家常,正不知为喜为忧也!"他的病是没有希望的,我总是说些安慰话。那时,妙钦还是能仁学校的主持者,每为校务而挂念。所以我约瑞老同往董府,劝云卿——贤范出来负责校务,贤范终于答应了。这一消息,使妙钦放下校务的系念。二月十二日,与妙钦、瑞老等相别,顺便去星加坡,住般若讲堂。妙钦终于在三十日去世,我写了一篇《我所不能忘怀的人》,以为纪念。这次在星安静地住了二月,四月十七日才返台。

一九七七年(七十二岁):我又到了星加坡。这次的因缘是:金马仑是马来西亚的名胜区。山上有三宝寺,本道老法师去年才修建完成。本老今年八十嵩寿,受教内长老们的劝发,所以传授三坛大戒为纪念。我与本老有同戒的关系,所以请我任说戒和尚。八月初四日出发,在吉隆坡机场候机,巧遇戒德学长等,也是为了传戒而来的,所以同机抵星。初九,与星方参预戒会的大德们同到马来西亚首都吉隆坡,晚宿观音亭,出席盛大的欢迎会。次日,大家一起上金马仑三宝寺。戒会于八月十六日开堂,九月初四日圆满。星、马地区,戒子不多,所以戒会相当清净庄严。每与本老晤谈,谈到这次戒会,深感事务方面的问题多多! 戒会圆满了,我再到星加坡,安静地住在般若讲堂。在星加坡期间,促成演培编定《谛观全集》,我写了《〈谛观全集〉序》。十月初六日回台湾,《谛观全集》也就在台湾出版。

　　一九八〇年(七十五岁):八月十一日,我又到星加坡。这是弟子慧平的自度庵易地重建完成,请我去主持开光,所以这次是住在自度庵的。开光那一天,法会盛大庄严。一向居住的般若讲堂已由隆根继任住持,我也去住了两天。演培辞退了般若讲堂,移住在女子佛学校舍。我去演培那里,觉得地址小了些,演培也正在筹划择地建筑。八月二十八日就回到台湾。

　　有人问我:你是浙江人,为什么从一位福建老和尚出家? 我也觉得因缘是微妙的。现在回忆起来:师父是闽南人,师弟(还有徒弟厚学)也是闽南人;自己到闽南来求学,也一再在闽院讲课;而妙钦、妙解、常觉、广范、广仪、正宗,都是闽南人,而有过较长时间的共住;我所游化的,是菲律宾及星、马,也是以闽南大德为主的化区。我虽不会与人有交往的亲密,而到底也有了这么多的道友。一切是依于因缘,我想,也许我与闽南有过平淡的宿缘吧!

二四　有缘的善女人

来台湾定居,有缘的人不少。有缘,不只是欣喜,而也会苦恼的。佛法说:"爱生则苦生";为了爱护,或过分的热心,……也会引到相反的方向。因缘,原来就是有相对性的。善男子当然也不少,而所以要写几位有缘的善女人,那因为留下些值得回忆的因缘。

一、慧泰:在我来台湾不久,住在善导寺。一天傍晚,我忽然走向大殿,看看流通处(大殿西南角)。一位五十来岁的太太,衣着朴素,行动缓慢地进寺来。礼了佛,问旁人:香港来的法师是在这里吗? 有人就为她介绍,向我顶礼。看看时间不早,说:"我明天可以来请开示吗?"我说:"可以。"她就缓慢地走了。她的面容憔悴,神情忧郁而极不安宁。我想:世间真是多苦的世间。

她再来时,说自己姓曾,过去是办教育的。为了学校,曾请政府依法惩处不法者。但她的爱女,忽然卒病死了。这是她的罪恶,害死了她的爱女。为了爱念女儿,就悔恨自己的罪恶,在爱而又悔的苦恼中不能自拔,问我有没有救度的方法。我为她略示佛法的因果正理:为维护教育而依法惩处,即使执法者过严,也不能说是你的重大罪恶。死亡的原因很多,但依佛说,绝没有因父母而使儿女病死的道理。夫妻也好,父母与儿女也好,都是依因缘而聚散的。如因缘尽了,即使没有死,也可能成为仇人或路人一样。经过几次开示,神情逐渐开朗而安宁起来。后来皈依了我,法名慧泰。我从不问信徒的家庭状况,到第二年(一九五三年)初夏,才知道慧泰是立委曾华英。

慧泰的个性很强。慧泰对我,对精舍,特别是对仁俊,可说爱护备至。但也许护法的过于热心,不免引起些困扰。好几年前,幼儿有病,使她非常的困恼。广钦和尚劝她逃,慧泰问我,我说:"有债当还,逃是逃不了的!"她终于坚忍地支持下来。

二、慧教:这是一位青年就学佛的,勤劳俭朴,多少能为信众们介绍佛法的善女人。她原是月眉山派下,法名普良,沿俗例也有徒众。她大概是在基隆皈依我的,法名慧教。后来移住到台北,往来也就多了。她有领导信众主持道场的热心,所以读了我的《建设在家佛教的方针》,觉得非常好。在慧日讲堂的筹备中,她非常热心,与慧泰也谈得来。她以为:福严精舍是为法师们建的,慧日讲堂是为在家弟子建的。这与成立讲堂的意趣不完全相合,所以热心听法,而多少要不免失望了!

三、宏德:一九六三年(五十八岁)秋天,苏慧中居士(也是一位难得的善女人)陪她来听经,首先有一条件,只听经,不皈依。我对慧中说:"讲经是为了大家听法,好好听就得了。"每次来听,都有儿女相陪。来了就听,听了就去,我也没有与她谈话。到了讲经圆满,她才进来坐一下,并问有关静坐的问题。后来据慧中说:她家是开毛纺厂的,先生意外地去世了。有事业,儿女还小而丈夫就去世，这是难免会忧苦增多的！

一九六四年（五十九岁）元旦，她去新竹参加福严学舍的毕业礼，请求皈依，法名为宏德。那年秋天，来嘉义妙云兰若。谈起有人劝她共建道场，我说："如奉献三宝，就要多些人来共同发起。如将来自己也想去住，那就以人少为妙。"不久，她胰脏炎复发，危急到准备后事了。她说："那时自知无望，也就没有忧怖，一心系念三宝。忽而心地清凉宁静，人就迷迷糊糊地睡着了。等到醒来，病情迅速消失，连医生都感到意外。"于是她感到三宝的恩德，人生的无常，急急地建成了报恩小筑。大殿不大而庄严，是她与女儿们设计的。报恩小筑的建设，为了报答亲恩，也为自己的长斋学佛着想。一九六五年（六十岁）春落成；第二年我也住到报恩小筑，她（住在家里）时常来礼佛。到一九六九年（六十四岁）秋天，我回到妙云兰若，已住了三年多了！

宏德对我的四事供养过于优厚，使我有点不习惯，但说她也没有用。她为我出版了《说一切有部为主的论书与论师之研究》。我要去星、马，她就自动地备办了小佛像、念珠等，让我拿去结缘。她的承事供养，胜过了对父母的孝思。她的婆婆、姑母、二姑、二女儿，连初生的长孙，也结缘皈依，全家都叫师父。我要离开小筑，一再劝她请法师供养，她固执地不愿意。以不皈依为条件而来，而又自动地皈依了，这只能说是有缘了。

宏德为了事业（先生去世，她就没有去顾问），为了儿女，经常有些困扰。也许与性格有关，坚强中略有些匆遽的神情。现在儿女都渐渐长大了，个个聪明能干。除了长子在台，其他都移住到美国，她也住到美国去了。

二五　学友星散

人生的聚散无常，真如石火电光那样的一瞥！

与我共住较久的，现在是：演培、妙钦与续明死了；仁俊在美国弘法；妙峰在纽约成立中华佛教会；印海在洛杉矶成立法印寺；幻生也游化美国；常觉也离开了福严精舍。其他是演培与续明领导的学生，虽在精舍住过，我多少有隔代的感觉。我缺少祖师精神，没有组织才能，所以我并不以团结更多人在身边为光荣，而只觉得：与我共住过一个时期的，如出去而能有所立——自修、弘法、兴福，那就好了！

我与演培、妙钦，在一九四○年底就相见了。演培，苏北高邮人，可说是与我共住最久的一人！从一九五三年到一九五七年夏天，对福严精舍与善导寺，我因病因事而不在时，由他代为维持法务，可说是帮助我最多的一人！我一向以平凡的标准来看人，演培是有优点可取的。他热心，为了印《印度之佛教》，他奉献了仅有的积蓄。预约、出售《大乘佛教思想论》的余款，乐助为福严精舍的增建费。他节俭，但并不吝啬于为法，或帮助别人。他的口才好，声音也好，所以到国外去宣讲佛法，到处有缘。于佛法也有过较深的了解，如能一心教学，教学相长，偶尔地外出弘化，那是最理想不过的了。他多少有苏北佛教的传统，与我一样地缺乏处众处事的才能（缺点不完全相同）。他的处众处事，如遇了顺缘，就不能警觉，往往为自己种下了苦因。他有点好胜、好名，"三代以下唯恐不好名"，如为名而珍惜自己，不正是善缘吗？他自从辞退了善导寺，似乎非要有所作为不可。住持日月潭玄奘寺，也许就是出于这样的一念吧！人是不会没有缺点的，希望能在不断的经验中，能从佛法的观点，容忍地、警觉地去适应一切，创造一切！

对我一生帮助最大的，是妙钦。我与妙钦在四川共住的时间不过两年多，所以，与其说由于共住，不如说由于思想倾向的相近。他曾编《中国佛教史略》（后由我改编）、《初机佛学读本》。他对佛学，有条理、有思想。文字、讲演、办事，都很好。西湖佛教图书馆就是我们的共同理想，也可说是促成他去菲的一项因素。一九四九年就去了菲律宾（又去锡兰深造多年）。大陆变色，他将为佛法的热诚寄望于菲律宾的佛教，希望能从性愿老法师的倡导中，有一新的更合理的发展。但性老有为法的热心，观念却是传统的；我虽去菲律宾，也不能有所帮助。为时代与环境所局限，心情不免沉闷。一九六〇（？）年起，负起了主导佛教创办的能仁学校的责任。时代与环境的局限，是不能尽如人意的。唯有本着能进多少就是多少的信念，才能不问收获而耕耘下去。他的"心情不免沉闷"，使他在一九七六年因患肝病而去世了。他是我所不能忘怀的一人！

续明，河北人。共住汉院的时间并不长，从雪窦寺编辑《太虚大师全书》起，才一直在一起。一九五三年春，续明来台湾编辑《海潮音》。一九五六年秋,我要住结核病院,有切除肋骨的打算,这才与他(正在灵隐寺掩关)商量,要他移到精舍来掩关。一九五八年冬,我从菲回来,又以时常要出去为理由,请他接任精舍的住持,一共维持了五年。从雪窦到台湾,他始终给我很多的帮助。续明是外貌温和而内性谨肃的。对自己的弟子与学生特别关切,真是慈母那样的关护。对沙弥与女众的教导,没有比他更适宜的了。他曾亲近慈舟老法师,所以掩关以来,有了重戒的倾向。他主办灵隐佛学院,首先调查灵隐寺受具足戒者的人数,他是想举行结界诵戒的。寺方怀疑了,几乎一开始就办不下去。其实,何必顾问寺众呢! 一九六一年初,主办福严学舍,建议全体持午。这不但有旧住者散去的可能,而且慧日讲堂没有持午,讲堂与精舍,不将隔了一层吗? 他嫌我不支持他。这些不能说是缺点,只是从小出家于寺院(以小单位为主),不能关顾到另一方面而已。续明的身体,看来是很实在的,然在香港就有脑(?)病。全力关护于学院学生,病也就越来越重了。一九六四年,辞卸了精舍的住持,作出国的游化活动,却想不到竟在印度去世了! 他正在香港、越南、星、马游化,又以出席佛教会议而死在佛国。如死后哀荣也是福报的话,那与我有关的学友,连我自己在内,怕没有比他更有福了!

仁俊,是在香港净业林共住了一年多的。在与我共住的人中,仁俊最为尊严,悟一最为能干! 仁俊的志趣高胜,所以不能安于现实。过分重视自己(的学德),所以以当前自己的需要为对的,绝对对的,需要(即使是自己过去所同意的,所反对的)就可以不顾一切。

　　仁俊是一九五五年初到精舍来住的。我四月上旬从菲回来,他早有过住中坜圆光寺的打算了。一九五六年秋,我将住结核病院,请他为大家讲一点课,他不愿意,听说碧山岩要请法师,就自动地去了(碧山岩如学曾说我不爱护徒孙,不肯派法师去,不知道这是要自己需要才有可能的)。起初有十年计划,后修正为五年。据说:读了戒律,知道比丘住比丘尼寺是不合法的,感到内心不安。要碧山岩为他另行(离远一些)建筑,否则住不下去。一九五八年底,他来参加灵隐佛学院的开学礼,大家知道他住不安了,也就劝他回隐院讲课,他就这样离开了碧山岩(住了二年多)。隐院(续明主持)还是住不安,一九五九年秋季开学期近了,课程早排定了,他却一走了事。先到碧山岩,要求住过去住过的地方。不成,就由高雄的道宣介绍,住屏东有规模的尼众道场——东山寺(不肯为众说法结缘)。可能是一九六一年秋季(?),仁俊回到了精舍(大概是续明约他回来的)。年底,演培、续明、仁俊自己商量定了,再由我与大众在精舍举行了一次会议,议决:一九六四年春,精舍由仁俊主持,讲堂由演培主持。这是仁俊自动发心,而又当众承认通过的。我虽然感到意外,但也当然是欢喜了。这一次的决议,仁俊与演培,都不曾能履行诺言。一九六四年,仁俊自己建立同净兰若。一九六八(?)年,仁俊又有去德山岩(尼寺)掩关的准备;终于在一九七二年,到美国游化去了。非建不可的同净兰若,应该又有不安之感吧! 这当然不是为了经济,而应该是不能"同净"。仁俊的志性坚强,情欲与向上心的内在搏斗,是怎样的猛烈、艰苦! 在这末法时代,是很难得的! 然在他的性格中,没有"柔和",不会"从容”，只有一味的强制、专断，而不知因势利导。“柔和”与“从容”，对仁俊来说，没有比这更重要的了！

仁俊与演培，为什么都不曾能履行诺言？一九六二年底，信敬仁俊而与我有缘的曾慧泰，为仁俊购置了土地。精舍的法师而值得人信敬供养，我是只有欢喜的。不过我立刻告诉慧泰：仁俊法师自动发心要主持精舍，并经会议决定，不要因此而起变化。一九六三年（国历）七月，仁俊来信，说要兴建静室。我请他履行诺言，对精舍，你要这么办就这么办。自行化他，在精舍还不是一样。但是，非自建不可。起初，曾慧泰还说：“（仁俊说）不会在未得导师允许前兴建兰若”，而到底在慧泰等护持下兴建了。就这样，自己发心，而又为自己的需要而取消。演培为什么不履行诺言？他给续明的信上说：“讲堂，我应回来为导师分担一分责任的。但台北的大环境，我实在不能适应。况且曾居士最不愿意我负讲堂之责的。……想来想去，以延期回台为是。”这应该是我一生中最不可思议的因缘！护法们对学团内的学友，有缘或者没有缘，原是免不了的。由此而引起学团的从分化到分散，总不免感到意外！

二六　写作的回忆

　　我的写作,有是自己写的,有是听讲者记录的,还有我只是列举文证,说明大意而由人整理出来的。既然说是我的作品,当然要自负文责。如我有所批评,对方当然也会批驳我,我以为:"受到赞叹,是对自己的同情与鼓励;受到批评,是对自己的有力鞭策:一顺一逆的增上缘,会激发自己的精进。"(《法海微波·序》)所以,我受到批评,除善意商讨外,是不大反驳的。如澹思的《读〈谈入世与佛学〉后》,黄艮庸的《评印顺著〈评熊十力新唯识论〉》等,我都没有反驳,所以在写作中,纠缠不已的论诤可说是没有的,我只是"愿意多多理解(佛法)教理,对佛教思想起一点澄清作用"(《游心法海六十年》)。这里所录出的,是篇幅较长或有特殊意义的。

　　一九三一年(二十六岁):到厦门闽院求学。上学期,写了《抉择三时教》、《共不共之研究》(虚大师曾有评论)。下学期,到了福州鼓山涌泉寺,写有《评破守培上人〈读唯识新旧不同论之意见〉》。这一年,可说是我写作的开始。

　　一九三四年(二十九岁):上学期到武院,为了探阅三论宗的章疏,也就写了《三论宗传承考》、《清辩与护法》。

一九三八年(三十三岁)：下学期,到了四川缙云山汉藏教理院。年来,周继武一再发表论文,以为《起信论》与唯识学相同,贤首法藏误解《起信论》,乃成诤论。虚大师嘱为评论,所以写了《泛评周继武居士〈起信论正谬〉》。

一九三九年(三十四岁)：秋天,虚大师从昆明寄来林语堂的《吾国与吾民》,要我对有关不利佛教部分加以评正,我受命写了《吾国吾民与佛教》。——出家来近十年了,部分的写作,都没有保存；还有些不成熟的作品,有些连自己也忘了(署名"哑言"的《三论宗传承考》可以保留)！

一九四〇年(三十五岁)：住贵阳的大觉精舍,写成《唯识学探源》一书,进入了认真的较有体系的写作。

一九四一年(三十六岁)：上学期,回住汉院。江津的支那内学院发表《精刻大藏经缘起》；虚大师要我评论,我写了《评〈精刻大藏经缘起〉》。这一学期,以"力严"笔名,发表《佛在人间》、《法海探珍》等,突显了我对佛法的观点。又为演培、妙钦、文慧讲《摄大乘论》,笔记稿就是《摄大乘论讲记》。

一九四二年(三十七岁)：住合江县的法王学院。那年,写了《印度之佛教》、《青年佛教与佛教青年》。上学期,为学生讲《金刚般若波罗蜜经》,演培笔记,成《金刚般若波罗蜜经讲记》。下学期起,为演培等讲《中论》颂,到下一年才讲了,由演培笔记,成《中观论颂讲记》。

一九四三年(三十八岁)：在法王学院。去年十月,虚大师见到《印度之佛教》第一章《印度佛教流变之概观》,撰《议〈印度之佛教〉》；我写了《敬答〈议印度之佛教〉》。大师在这一年八月，又写了《再议〈印度之佛教〉》，我写了一篇《无诤之辩》（文已佚），寄给汉院虚大师，表示只是表达个人的见解，不敢再劳累大师。

与汉院续明等通函讨论大乘，后改编为《大乘是佛说论》。

一九四四年（三十九岁）：上学期在法王学院。汉院妙钦写了《中国佛教史略》寄来，我加以补充整编，作为我们二人的合编。唯识学者王恩洋，发表《读〈印度之佛教〉书感》。他对我的《印度之佛教》相当同情，但对"空"、"有"的见解，大有出入，所以写《空有之间》作答。

夏末秋初，回汉院。为同学讲"阿含讲要"，光宗等笔记，此即《佛法概论》一部分的前身。又为妙钦、续明等讲《性空学探源》，妙钦记。

一九四六年（四十一岁）：在武院。法舫法师作《送锡兰上座部传教团赴中国》，以为印度教融化佛教成大乘，上座部才是佛教嫡传。我不同意这一看法，所以写了《与巴利文系学者论大乘》。

一九四七年（四十二岁）：正月，在武院，写了《僧装改革评议》。初夏，到奉化雪窦寺，与续明、杨星森等编纂《太虚大师全书》。编纂期间，为续明等讲《般若波罗蜜多心经》（讲记），又讲《中观今论》，都由续明笔记。

一九四八年（四十三岁）：春，在雪窦寺，继续完成《太虚大师全书》的编纂。我写了《佛教之兴起与东方印度》及《评熊十力的〈新唯识论〉》。

一九四九年（四十四岁）：上学期，在厦门南普陀寺，成立大觉讲社。将"阿含讲要"补充改编为《佛法概论》,为讲社同学讲说。

夏末,到香港。住大屿山宝莲寺;中秋后,移住香港湾仔佛教联合会;十月初,移住新界粉岭的觉林,开始《太虚大师年谱》的编写。

一九五〇年(四十五岁):《太虚大师年谱》完成后,三月移住新界大埔墟的梅修精舍。为演培、续明等讲《大乘起信论》,演培、续明笔记为《大乘起信论讲记》。自己写了《佛灭纪年抉择谈》。

一九五一年(四十六岁):移住新界九咪半的净业林。为住众讲《胜鬘经》,成《胜鬘经讲记》;又讲《净土新论》,都是演培与续明笔记的。自己想写一部《西北印度之论典与论师》,并开始着笔,断断续续地写了一些。

一九五二年(四十七岁):住净业林。为住众讲"人间佛教"——《人间佛教绪言》、《从依机设教来说明人间佛教》、《人性》、《人间佛教要略》。这四篇,由仁俊笔记,但在预计中,这是没有讲圆满的。了参在锡兰,译南传的《法句》,我为他写了《〈法句〉序》。

秋天,到了台湾,住台北善导寺。写了《汉译圣典在世界佛教中的地位》。我到了台湾,环境有些变化,多数是为信众讲的,有些讲稿也没有整理的必要。长篇的写作等于停止了,写的与讲的,大都发表在《海潮音》。

一九五三年(四十八岁):十一月,主持善导寺佛七,每日开示,常觉记为《念佛浅说》。

这一年，我写了《中国佛教前途与当前要务》、《学佛三要》、《佛法与人类和平》、《信心及其修学》、《自利与利他》、《中国的宗教兴衰与儒家》、《慈悲为佛法宗本》、《建设在家佛教的方针》、《佛书编目议》等。

一九五四年（四十九岁）：年初，在善导寺讲而追记为文的，有《我之宗教观》（原题为《佛法之宗教观》）、《生生不已之流》、《一般道德与佛化道德》、《解脱者之境界》。秋天，在善导寺讲《药师经》，由常觉、妙峰笔记，成《药师经讲记》。

这一年，写了《以佛法研究佛法》、《点头顽石话生公》、《佛法有无"共同佛心"与"绝对精神"》、《我对慈航法师的哀思》、《大乘经所见的中国》、《我怎样选择了佛教》、《大乘三系的商榷》等。《大乘三系的商榷》，是应默如学长的商讨而写的，年底又写了一篇《读〈大乘三系概观〉以后》。

一九五五年（五十岁）：去年底到菲律宾，新年在马尼拉大乘信愿寺说法，《佛教对财富的主张》（后改题《佛教的财富观》，贤范、小娟合记）等。二月抵宿务，假华侨中学说法，有明道记的《切莫误解佛教》等。四月初，由菲返台北，讲《菲律宾佛教漫谈》，常觉、妙峰记。

在新竹福严精舍，为学众讲《学佛之根本意趣》，印海记。《慧学概说》、《菩提心的修学次第》，常觉记。岁末，因病在台北静养，与常觉等闲谈，常觉记为《福严闲话》。

这一年写作不多，仅有《欲与离欲》、《佛钵考》等。

一九五六年（五十一岁）：写了《从一切世间乐见比丘说到真常论》、《龙树龙宫取经考》；《中国佛教与印度佛教之关系》是应《中国佛教史论集》征文而写的。

一九五七年（五十二岁）：六月，讲《泰国佛教见闻》于善导寺，常觉记。

这年的写作，有《美丽而险恶的歧途》、《太虚大师菩萨心行的认识》、《教法与证法的仰信》、《北印度之教难》、《舍利子释疑》。并应星洲弥陀学校的请求，编写《佛学教科书》十二册。下学期为福严精舍同学讲《楞伽阿跋多罗宝经》，作《〈楞伽经〉编集时地考》。

一九五八年（五十三岁）：冬，应善导寺住持演培法师请，在善导寺讲：《心为一切法的主导者》、《佛教之涅槃观》、《修身之道》，都由慧莹笔记。

这一年，写了《宋译〈楞伽〉与达摩禅》、《论佛学的修学》。

一九五九年（五十四岁）：去年年底，到王田善光寺度旧年，才完成了《成佛之道》。这部书，起初（一九五四年）在善导寺共修会编颂宣讲；一九五七年下学期又增补完成，作为新竹女众佛学院讲本，又为偈颂写下简要的长行解说：到这一年的年初才脱稿。

十二月，写《发扬佛法以鼓铸世界性之新文化》。

一九六〇年（五十五岁）：为邓翔海居士等讲《楞伽经》。讲此经已三次，因缘不具足，没有成书，仅留有《楞伽经》的科判——五门、二十章、五十一节。

一九六一年（五十六岁）：作《玄奘大师年代之论定》。

一九六二年（五十七岁）：夏，讲《大宝积经·普明菩萨会》于台北慧日讲堂，后追记而写成《宝积经讲记》。九月底，在慧日讲堂启建药师法会,每日开示,能度记为《东方净土发微》。

这一年,写有《论真谛三藏所传的阿摩罗识》。

一九六三年(五十八岁):七月,盂兰盆法会期间,讲《地藏菩萨之圣德及其法门》,能度记。冬季,讲天亲菩萨所造《往生净土论》(本名《无量寿经优波提舍愿生偈》),后由顾法严记,名《往生净土论讲记》。

本年青年节前后,台北和平东路某教会信徒夜访于慧日讲堂,并赠《新旧约全书》,希望我研究研究。我与《新旧约》别来已三十余年,所以回忆而写出《上帝爱世人》、《上帝与耶和华之间》。因香港吴恩溥牧师的批评,又写了《〈上帝爱世人〉的再讨论》。

一九六四年(五十九岁):三月,于慧日讲堂讲弥勒菩萨造的《辨法法性论》,后由黄宏观记录,成《辨法法性论讲记》。

四月初八日,在嘉义妙云兰若掩关,恢复内修生活。阅览日译的《南传大藏经》;然后对《西北印度之论典与论师》的部分写作,扩充为《说一切有部为主的论书与论师之研究》,进行改写。

这一年的写作,有《汉明帝与〈四十二章经〉》;关中写的《论提婆达多之破僧》、《阿难过在何处》、《佛陀最后之教诫》。

一九六五年(六十岁):掩关期间,写有《王舍城结集的研究》、《论毗舍离七百结集》。教内人士,有提倡改穿南传佛教式的一色黄,所以写了《僧衣染色的论究》。

四月初八日出关。夏天,在台北慧日讲堂,讲《大树紧那罗王所问经》偈颂,后由杨梓茗记录为《大树紧那罗王所问经偈颂讲记》。

　　一九六六年(六十一岁)：住报恩小筑。夏天，写了《法之研究》。

　　一九六七年(六十二岁)：住报恩小筑。那年是虚大师上生二十周年，作《略论虚大师的菩萨心行》。读澹思的《太虚大师在现代中国佛教史上之地位及其价值》，深有所感，所以写了《谈入世与佛学》，以"大乘精神——出世与入世"，"佛教思想——佛学与学佛"作线索，表达些自己的意见。

　　秋天，长达四十五万字的《说一切有部为主的论书与论师之研究》脱稿。在理想中，这是分别重写《印度之佛教》的一部分。澹思——张曼涛评论为："在现代文献学的方法上，本书或不免还有些缺陷。……但在爬梳与理清旧有的汉译文献来说，可断言：已超过了国际上某些阿毗达磨学者。"

　　一九六八年(六十三岁)：住报恩小筑。写了《学以致用与学无止境》及《色即是空·空即是色》。年底,抵星加坡,住般若讲堂。

一九六九年(六十四岁):在星时,曾讲《佛法是救世之仁》,慧理记(后与香港所讲、慧轮所记的,综合为一)。写《人心与道心别说》。

夏初返台湾。香港韦兼善教授将《成唯识论》译为英文,我钦佩韦教授为学的精诚,写了一篇《〈英译成唯识论〉序》。中秋前,我重回嘉义妙云兰若。年底,费时两年的《原始佛教圣典之集成》(五十六万字)脱稿。

一九七〇年(六十五岁):这一年,写成了《中国禅宗史——从印度禅到中华禅》。《精校敦煌本〈坛经〉》是附带写出的一部。这部书的写出因缘是意外的。去年,《中央日报》中副栏曾有《坛经》是否六祖所说的讨论,引起论诤的热潮,参加的人不少。我没有参加讨论,但觉得这是个大问题,值得研究一下。我觉得,问题的解决,不能将问题孤立起来,要将有关神会的作品与《坛经》敦煌本,从历史发展中去认识。这才参阅早期禅史,写了这一部;得到道安、圣严法师的评介。

一九七一年(六十六岁):春,写了《神会与〈坛经〉》,这是批评胡适以《坛经》为神会及其弟子所作而写的。夏天,深感身体的不适,所以写了自传式的《平凡的一生》,略述一生出家、修学、弘法的因缘;似乎因缘已到了尽头。不久,也就大病了。

一九七三年(六十八岁):十月,移住台中市校对《妙云集》的静室,隐居养病。那时,因《中国禅宗史》得日本大正大学授予博士学位,引起《海潮音》的一再评评,所以辞去《海潮音》社长名义,并发表《为取得日本学位而要说的几句话》一文。

一九七五年(七十岁):初夏,《中国古代民族神话与文化之研究》脱稿。这是意外的一部写作。在台中静养时,偶然阅览《史记》,见有不少的古代民族神话。扩大探究,从不同的民族神话而知各民族的动向及民族的文化特色。费了一年多时间,写了这部书;意外地身体也好转,体重增加到五十公斤了!

一九七六年(七十一岁):我觉到身体衰老,对从前要将《印度之佛教》分别写成多部的理想,已不可能实现。所以选择重要的,从部派而发展到大乘佛教的过程,与初期大乘多样性而趣入佛道的一贯理念,去年来开始作一重点的论究。

一九八〇年(七十五岁):三月底,《初期大乘佛教之起源与开展》,八十多万字的写作,时写时辍,经五年而完成。论究的问题不少,资料又繁多,这部书不免疏略。然大乘菩萨道,有重信的方便易行道,有重智慧或重悲愿的难行道,而从"佛法"发展到"大乘佛法",主要的动力,"是佛涅槃以后,佛弟子对佛的永恒怀念"。以自己探究所得的,"为佛教思想发展史的研究者,提供一主要的线索"。本书出版后,评介者有杨惠南与万荣勋居士。

一九八一年（七十六岁）:四月底,《如来藏之研究》脱稿。这是重在如来藏、我、佛性、自性清净心——真常论的早期思想;融摄"唯识"（心）而成"真常唯心",还没有多说。七月,写了《论三谛三智与赖耶通真妄——读〈佛性与般若〉》,这是对牟宗三的著作引用我的意见而又不表同意所作的辩正。

一九八二年（七十七岁）:七月初,《杂阿含经论会编》完成。吕澂的《杂阿含经刊定记》早已指出:《瑜伽师地论·摄事分》（除律的"本母"）是《杂阿含经》的本母,但内容过于疏略。我在《原始佛教圣典之集成》明确地对比排列,但还小有错误（现已改正）。所以重新论定,断定《杂阿含经》缺少的两卷,原文是什么。将《杂阿含经》的"修多罗"部分与论文并列。经文的"祇夜"、"记说"部分,也一并排列;并附入我的《杂阿含经部类之整编》于前。在比对配合等过程中,心如等给以很大的帮助。日本名学者水野弘元评论为:"印顺法师说之《杂阿含经》一文,不论就其组织型态,乃至其复原层面,都是极其合理的! 其评审、确实及其整合等点,都远远超逾于日本学者的论说。"（关世谦译《杂阿含经之研究与出版》）

一九八四年（七十九岁）:九月初,三万余字的《游心法海六十年》脱稿,叙述自己的学思历程与写作。十二月,《空之探究》脱稿,从佛法、部派、般若经,到龙树论而完成即空(性)即假(名)的缘起中道。

一九八五年(八十岁):一九四二年所写的《印度之佛教》,我想分别地写成多少部,所以没有再版,台湾也就少有人知道这部书。《妙云集》出版以后,知道的人多了,抄写的、复印的、私下出版的,看来这部书终究非出版不可。五月里,我把这部书修正文字,改善表式,有些错误而应该修正的,附注参阅我所作的某书某章某节。这样,我又写了一篇《〈印度之佛教〉重版后记》。

"佛涅槃后,佛弟子对佛的永恒怀念",是佛法发展演化中的主要动力。在发展中,为了适应信增上人(也适应印度神教),施设异方便,对佛法的普及民间是有功绩的。但引起的副作用,使佛法演化为"天(神)佛一如",迷失了佛法不共神教的特色。为了思想上的澄清,八月起,着手于《方便之道》的写作,已写了"佛法"、"大乘佛法"部分,约十五万字。由于体力日衰,想到应该先写的,就停止下来。

一九八六年(八十一岁):一生的写作,感觉到对佛教没有什么影响,当然也多少有人赞同,有人批评。所以搜集起来,编为《法海微波》,作为一生的纪念文章。

一九八七年(八十二岁):我对印度佛教已写了不少,"但印度佛教演变的某些关键问题,没有能作综合联贯的说明,总觉得心愿未了",所以去年秋季以来,即开始《印度佛教思想史》的写作,到今年七月中旬才完成,约二十七万字。

　　一九八八年（八十三岁）：七八月间，忽从一个"心"字中，发见、贯通了印度佛教史上的一个大问题，也就扼要地写出了《修定——修心与唯心·秘密乘》（三万多字）。

　　一九八九年（八十四岁）：我的著作太多，涉及的范围太广，所以读者每不能知道我的核心思想。因此，三月中开始写了《契理契机之人间佛教》（三万字），简要地从"印度佛教嬗变历程"说明"对佛教思想的判摄准则"，而表示"人间佛教"的意义。夏秋间，又写了《读大藏经杂记》、《中国佛教琐谈》。

　　一九九一年（八十六岁）：《大智度论》是龙树所造、鸠摩罗什所译，这是中国汉译保有的大论，也是我"推重龙树，会通阿含"的重要依据。近年来知道外国学者有否认是龙树造的，或想像为罗什附加了不少。只是身体衰弱，不能长篇写作，引为遗憾。暑假期中，得到昭慧同学的赞助，我才搜集资料，分别章节，口述大要，由她笔记整理成大约六万字的《〈大智度论〉之作者及其翻译》，并于"东方宗教研讨会"上发表。

　　一九九二年(八十七岁):写了《〈印顺法师对大乘起源的思考〉读后》。这是对"在家主体"意识者误解我的意见而写的评论。

　　一九九三年(八十八岁):写了《〈起信论〉与扶南大乘》、《〈我有明珠一颗〉读后》。

　　一九九四年(八十九岁):自传式的《平凡的一生》是一九七一年夏天写的,到现在已二十多年。在这二十年中,虽说没有什么可写的,但到底过了这么久的岁月,也有多少可写的。所以去年腊月起,虽大病出院不久,对旧作作了补充,或时日的修正,另成一部《平凡的一生(增订本)》(编入《妙云集》下编十《华雨香云》的《平凡的一生》,照旧不改动)。

　　一九九八年(九十三岁):对《平凡的一生(增订本)》再作修正和补充,成《平凡的一生(重订本)》。

　　我的写作,就是这一些了。写作的动机,虽主要是:"愿意理解教理,对佛法思想(界)起一点澄清作用";从《妙云集》出版以来,也受到佛教界的多少注意。然我从经论所得来的佛法,纯正平实,从利他中完成自利的菩萨行,是纠正鬼化、神化的"人间佛教"。这一理念,在传统的现实而功利的人心,似乎是撒种在沙石中,很难见苗壮繁盛的! 自己的缺少太多(见三十三节),壮年没有理想,晚年当然也没有过分的希望,尽自己所能地写出而已!

二七　出版的殊胜因缘

　　我的写作与讲记,几乎都是自己出版的。自己既没有资金,又没有组织,没有人力物力,出版实在是不容易的。然而我的写作与讲记,竟一部一部地印出流通,这可说是殊胜因缘所成就的。我应该次第地写出来,以表示对护持者的谢意!

　　一九三九年(三十四岁):我在四川汉藏教理院。秋天,虚大师从昆明寄来林语堂的《吾国与吾民》,这部书有不利佛教——歪曲、丑化的部分,要我给以评正。我写了一篇《吾国吾民与佛教》。汉院的同学们热心把它印成小册,分赠各界。这可说是我出版的第一本书,但只是小册,我也没有保存。

　　一九四三年(三十八岁):十六万字的《印度之佛教》出版,这是代表我思想的第一部。蒙学友们的热心赞助,以"正闻学社"名义在重庆印行。那时,我在合江法王学院,不能亲身去处理。蒙达居(仁慈)愿负起出版的任务,周贯仁助理校对。但在这部书的排校过程中,曾发生意想不到的问题。原来承印者是没有印刷厂的,交给别人排印。大包又小包,在物价逐渐上涨中,真正的承印者没有利润可得,排不到三分之一就搁了下来。预定出书期到了,竟渺茫得毫无消息。不知怎样的,原稿落在某君(姓名已忘)手中。某君是属于军部的印刷所主管,曾经出家而后来参加革命的。他见了这部书,竟自动发心,愿意帮助完成这部书的出版。排印纸张费用,照原价计算。素不相识的某君这番好意,使我忘不了,更忘不了这一不思议因缘。

一九四四年(三十九岁):我回到汉院。冬天,《唯识学探源》出版。

一九四六年(四十一岁):秋天,我从开封回到武院,就设法在汉口出版《摄大乘论讲记》(二十七万字)。由汉口佛教正信会昌九成居士介绍,交某印刷厂排印,校对由我自己负责。但我住在武昌,所以约定:每天十六页,初校到三校,彼此都以挂号邮寄,邮费由我负责。但是厂方寄了三次初校就不再寄了,只好过江到印刷厂探问。原来印刷厂是小型的,没有这么多铅字,不能继续排下去。不得已,只好约定:我每日午后过江,先初校,改正后再校、三校,十六页当天完成(印刷)。这样的辛苦了四十天左右,才告完成。费了大约四十天的整个下午,每天往返——坐二次渡轮,四次人力车,还要从初校到三校。这是唯一自己校对的书;经过这部书的出版,才知道从校对到出书,问题多多,是并不容易的。

一九四七年(四十二岁):《中国佛教史略》出版(今编入《妙云集》下编九《佛教史地考论》)。这是我与妙钦合编的,由上海大法轮书局印行流通。

一九四八年(四十三岁):三月间,《金刚般若波罗蜜经讲记》由大法轮书局出版。

一九四九年(四十四岁):夏天,我到了香港。妙钦从马尼拉汇来印刷费,所以《佛法概论》十月中在香港出版。

以上这几部,出版时都征求预约。以后感觉到:预约的大抵是人情,所以此后不再预约,卖得书来再印书了!

一九五〇年(四十五岁):这一年,在香港出版了《般若波罗蜜多心经讲记》(今编入《妙云集》上一《般若经讲记》),《中观今论》,《评熊十力的新唯识论》(今编入《妙云集》下七《无诤之辩》),《青年佛教与佛教青年》(今分三部分:《青年佛教运动小史》、《青年佛教参访记》编入《妙云集》下五《青年的佛教》;《杂华杂记》编入《妙云集》下十《华雨香云》),《性空学探源》,《大乘是佛说论》(今编入《妙云集》下三《以佛法研究佛法》),《太虚大师年谱》——七部。其中《中观今论》是香港香海莲社发心印行的;《太虚大师年谱》,是《太虚大师全书》出版委员会出版的。

一九五一年(四十六岁):出版了《佛灭纪年抉择谈》(今编入《妙云集》下九《佛教史地考论》),《净土新论》(今编入《妙云集》下四《净土与禅》),《大乘起信论讲记》。这三年在港出版的书,凡是自己出版的,都由演培、续明负责,与印刷厂接洽及校对等一切事宜。

一九五二年(四十七岁):出版了《中观论颂讲记》、《胜鬘经

讲记》，由续明(也有学友相助)负责校对等事。《佛法概论》也在那时再版，有我当时的相片。还有《金刚般若波罗蜜经讲记》(今编入《妙云集》上一《般若经讲记》)，在香港重版的时间不详，可能是我秋季离港后，续明继续出版的。

　　这是我来台湾以前的出版情形：重庆三部，武昌一部，上海二部，香港十五部。写作而自己出版，要有经费，而我是没有钱的，那怎能出版呢？一、筹印《印度之佛教》，在抗战艰苦时期，实在不容易！亏得演培学友的大力赞助，才能出版。二、性觉(俗名郭朋)、续明去西康修学，遇到一位虔信佛法的商人史建侯，二人称誉我，并说到我的《摄大乘论讲记》，因而引起史居士的发心，乐助这部书的出版费(法币十八万元)，我才能在汉口出版了这本书。三、一九四九年春去菲律宾马尼拉的妙钦，不久就寄了一笔印行《佛法概论》的费用来港，书也就在十月出版。四、法舫法师是武院的老学长，我二次到武院研究，他都是武院的主持者，所以也是我的老师。他在香港时，为居士们赞叹我的《中观今论》，所以香海莲社会发心出版这部《中观今论》。五、槟城的明德法师自愿筹款印行《中观论颂讲记》。寄来的印费有余，再印了《胜鬘经讲记》。我与这位远地的法师，没有任何关系，也不曾通过信，不知他听了谁的称誉《中观论颂讲记》而自动发心赞助，因缘实在希有！从上面所说看来，共同研究的学友、师长，远地的法师、居士，都为我的著作出版而发心，纯为佛法的弘扬着想，出钱出力，没有丝毫的功利观念。这是使我感动，使我永续地为佛法而奉献身心。只是不能推动佛教，使佛法有良好的进步，不免心生惭愧！

　　来台湾以前的写作与讲记——长篇的，可说都已出版了。出版书，总是希望有人阅读的，所以每部书出版后，除了部分赠与有缘人外，在四川时，由汉院流通处代为流通。抗战期间，纸张太差，印刷也不理想，所以离四川时，只带了《印度之佛教》二十册回来，偶尔赠送，也就没有了。留在汉院的，再也没有想起。香港出版的，除《中观今论》《太虚大师年谱》由出版者流通外，其他的书，香港由东莲觉苑代为流通。台湾方面，每本书出版，总是寄一部分到善导寺流通处，那还是李子老主持的道场。在这时局动荡不安的时刻，流通量当然不大。一九五三年，我决定定居台湾。五月返香港，东莲觉苑存书承全部折价付给我，以后也就不再烦累流通了。台湾善导寺流通处，也将过去出售的结算给我，继续代为流通。这笔书款，除保留部分作为出版费外，一部分作为修建福严精舍的费用。十年来不断出书的时代过去，在台湾将是另一形态的开始。

　　一九五三年（四十八岁）：冬天，我主持善导寺的弥陀佛七，每日开示，记为《念佛浅说》（今编入《妙云集》下四《净土与禅》），由善导寺护法会印行结缘。

　　一九五四年（四十九岁）：《佛法概论》修正后，重版流通。

　　一九五五年（五十岁）：《药师经讲记》出版。

　　一九五六年（五十一岁）：选些论文及讲录，编为《人间佛教》《学佛三要》《以佛法研究佛法》《顽石点头》——四册。自己深感近年来的多障多病，所以编印四册，是以结缘为主的。前三册，除《人间佛教》改为《佛在人间》，都已编入《妙云集》下编，但内容已有所增加。《妙云集》中没有保存《顽石点头》名目,内容分散编入下编各部。

一九六〇年(五十五岁):秋天,《成佛之道》出版,在我的写作中,这是流通量较大的一部。以上这几部的出版,负责出版校对者,我已忘记了,大抵与当时《海潮音》的编校者有关,也有住在善导寺的人帮助。我的书,起初在善导寺校对流通。台北慧日讲堂在一九六一年落成后,就将书运到慧日讲堂,由住众法师一人负责流通。

一九六三年(五十八岁):《修身之道》出版(今编入《妙云集》下六《我之宗教观》)。

一九六四年(五十九岁):九月,《宝积经讲记》出版。《上帝爱世人》与《〈上帝爱世人〉的再讨论》,香港与曼谷的佛弟子把它印成小册结缘。

一九六四年,我来台湾已十二年了。建寺院、出国、弘法,尽做些自己不擅长的事,比之早年的专心佛法,真是得不偿失。这样,(国历)五月二十三日,就在嘉义妙云兰若掩室自修。虽掩关只有一年,但又将进入法义深观的另一境界。

一九六八年(六十三岁):六月,《说一切有部为主的论书与论师之研究》(四十五万字)出版。常觉学友负责校对,乐助出版费的是报恩小筑的黄陈宏德。这一年,又出版了《谈入世与佛学》(今编入《妙云集》下七《无诤之辩》)。

一九六九年(六十四岁):冬,开始编集《妙云集》,到一九七三年秋末,经四年而全部出版。这是将我过去的写作与讲录,除大部的《印度之佛教》等专著外,总合地编成字体、形式等统一的大部。全集分为三编:上编是经与论的讲记,七册;中编是十万字以上的而独立成书的，如《中观今论》、《成佛之道》等，六册；下编是各种文字的类集，十一册——全集二十四册。上编与中编，是容易编定的，先以上编的《胜鬘经讲记》付印；下编，到一九七一年夏天，才分类编定。

一九七一年（六十六岁）：三月，《原始佛教圣典之集成》（五十六万字）出版。六月，《中国禅宗史》（二十八万字）出版。

《妙云集》的出版，有不少难得的因缘。一、一九六九年初，我去了星加坡、马来西亚一趟，承各位长老的惠与，善信的供养，可说收获丰盈，这才决定这部书的出版。在出版过程中，香港三轮学社的邵黄志儒特地送了港币三万元，使印费不致困窘，这是意想不到的胜缘。二、据说台中的印刷价目要便宜些，所以决定在台中出版。为了校对的便利，在台中市南区购了一处小型的静室，这就是我后来在台中养病的地方。三、最重要的，还是与印刷厂接洽及校对的人员。慧润是依我出家的弟子，身体的健康很差。他从学院毕业回来，就让他去处理校对、出版的事务，多少活动，可能身体会好些的。起初是慧润一个人；一九七〇年，他的同学性滢来了；一九七二年，又有依道来。大家都是同学，共住一处，负起了这部书的出版任务。至于我自己，除了书的先后编列，确定字体，负责印刷费用外，一切由他们去处理，我是不大顾问的。

我出版的书，起初并不畅销，直到《妙云集》出版，才有较多的人知道，因《妙云集》而进入佛法；社会经济又日渐丰裕，《妙云集》的流通量也渐渐地提高了。在《妙云集》出版过程中，还同时出版了两部书：一、《原始佛教圣典之集成》，由性滢、慧润校对,也请慧琦、慧瑛助校。二、《中国禅宗史》,也由性滢等校对。

　　一九七一年(六十六岁):秋末大病,不死不活地过了两三年,才慢慢恢复。虽然我的业缘未了,以后还有写作,但进度不免迟缓了。以后出版的,有:

　　一九七五年(七十岁):十月,《大树紧那罗王所问经偈颂讲记》,由菩提树杂志社出版(今编入《华雨集》一册)。同时,《中国古代民族神话与文化之研究》(三十四万字)出版。这是有关中国文化的,华冈出版社出版,出版费用自备。书中有不少的甲骨文等古老文字,要另行刻印,所以出版费用偏高,收入而不敷支出的,只有这一部。一九九〇年元月,以正闻出版社名义再版流通。

　　一九七六年(七十一岁):《〈往生净土论〉讲记》出版(今编入《华雨集》一册)。

　　一九八一年(七十六岁):五月,《初期大乘佛教之起源与开展》出版。这是费了五年的时间,一千三百余页的巨著;再加索引,不下九十万字。校对方面,性滢、依道、慧润外,又有心如同学来参加校对,并检查引文的出处、文句是否正确。索引方面,得到蓝吉富居士邀集同学——洪启嵩、温金柯、黄俊威、黄启霖居士的发心。这一年的十二月,《如来藏之研究》出版。校对与索引,由依道等四位负责。

　　以上各书,除《中国古代民族神话与文化之研究》外,都是在台中出版的。在书籍的出版、流通方面,有一重大改变。从一九六一年台北慧日讲堂成立以来,我所有出版的书籍,主要是依慧日讲堂流通的。当时流通量不大,所以请一位讲堂的住众发心处理,如宏印、显如等几位,都曾负过这一任务。不过时间长达二十年,发心负过责的,我也不能完全想起来了。书的出版,起初是用没有实际组织的"正闻学社"名义;后来也有用我自己的名字;到《妙云集》印行,也还是用我自己的名义出版。印海学友在慧日讲堂建立正闻图书馆;直到一九八〇年,才在台北正式成立"正闻出版社",与印刷厂联络及日常事务,主要是由住在北部的性滢负责;以后有书出版,也就在台北了。校对方面,虽然性滢以外,慧润等渐渐移住到高雄、屏东,但校对主要还是依赖他们。对于这,我有些感想:自己福德薄,又没有摄受人的善巧,所以写作的出版,能得到学友们的代为处理,总有喜出望外的感觉。在香港出书,是得到演培与续明的助力;在台湾出版《妙云集》以来,都依赖性滢、依道、心如、慧润——四位。我对人平淡,对他们是与住众一样的。我信任他们,后来我几乎只是把书稿交给他们,我就不问了。演培等来汉院共住而相识,性滢等只由于慧润的同学关系。佛学作品的出版,是为了宣扬佛法,大家都是为此而努力。我为此而写作;代为记录的也如此;与厂方接洽,校对出版的,代为流通的,也都是如此。在三宝的护持下,都自动地愿为佛法而努力。有人以为:我对佛法各部分,早已明白确定了,只是一部接一部地写出而已,其实不是这样的。我虽对佛法有一发展的全程概念,如要写某一部分,还是在研求、补充或修正的情况下进行,所以写作一部,对这部分问题有更为明确深入的理解(所以我曾说:阅览不如讲解,讲解不如写作)。我相信,记录的、负责校对的,在与佛法不断的接触中,对佛法也会有所进步的。所以写作与出版,我与协助我的,都是在佛法中奉献,在佛法中求进修而已!

以后在台北出版的,有:

一九八二年(七十七岁):五月,《〈辨法法性论〉讲记》出版(今编入《华雨集》一册)。

一九八三年(七十八岁):九月,《杂阿含经论会编》(三册)出版。这是《杂阿含经》与《瑜伽师地论·摄事分》(解说抉择契经部分)的会编,不能说是我的作品,但所费的心力、时间不少。"经"方面,次第倒乱的,缺佚而以余经编入凑数的,都从研究中改正过来。"论"方面,有有论而没有经的,经研考而知是出于《中阿含经》,也有属于《长阿含经》的;也就因此论定为本来是附编于《杂阿含经》,后来才编入《中》、《长阿含经》的。另外又写了一篇《〈杂阿含经〉部类之整编》(约四万五千字),附编在卷首。

一九八五年(八十岁):三月,《游心法海六十年》出版(今编入《华雨集》五册)。七月,《空之探究》(十八万字)出版。

一九八八年(八十三岁):四月,《印度佛教思想史》(二十九万字)出版。这可说是我对印度佛教思想发展研究的结论。

一九八九年(八十四岁):二月,《修定——修心与唯心·秘密乘》出版(今编入《华雨集》三册)。八月,《契理契机之人间佛教》出版(今编入《华雨集》四册)。

一九九二年(八十七岁):八月,《〈大智度论〉之作者及其翻译》由东宗出版社出版。

一九九三年（八十八岁）：一月，《〈大智度论〉之作者及其翻译》日译本由正观出版社出版。

四月，《华雨集》全部五册出版。有些是一九七一年大病以前的作品；有些是《妙云集》出版以后的写作，短篇或长篇，有的还没有发表的。这部书编好后，将原稿交给正闻出版社，确已好久了，但序文说："一九八九年一月，序于南投寄庐"（即今永光别苑），时间未免过早。"一月"可能是十一月，脱落一"十"字的校讹，因为这篇序，不可能较《修定——修心与唯心·秘密乘》、《契理契机之人间佛教》写出得更早的。

一生的写作、记录，而已出版的，就是这些。愿以这些书的出版，报答三宝法乳的深恩！

二八　传戒因缘

　　我没有精究律藏，没有通晓律意，适应现实的深一层认识，所以我没有特别主张。而对沿习下来的佛制祖规，我也没有什么反对。对于台湾近四十年来的传戒运动，我也参加过，那只是随喜而已。

　　一九四八年（四十三岁）冬天，我因性愿老法师的邀请，以祝贺者的心情到了厦门。在戒期中，也讲了几次通泛的开示。授具足戒时，我与先师念公都参加戒坛为尊证，这是我与传戒因缘有关的第一次。

　　一九五五年（五十岁）夏天，台中宝觉寺智性长老来福严精舍，邀我参与冬期传戒，担任教授。那时，我病势渐重，我说：“智老！这是我应该随喜。只是我病体不知怎样，怕临时误了戒会。”智老还是要请我，并且说：“如法体欠佳，可以推人代表。”这样，我就不好意思推了。到了戒期，我正终日躺着静养，由演培去代表。

　　一九六三年（五十八岁），白圣法师在临济寺传六十寿戒，邀我担任尊证。问起时间，恰好是预定应台南市佛教会的邀请作七天弘法的时间，不凑巧。白圣法师说：“那么，推代表好了。"我当然接受了,那次是印海去代表的。

一九六六年(六十一岁)秋天,贤顿法师来(白圣法师同来),说起临济寺传戒,邀我当尊证。那一天,我正在感冒发烧,这是就会好的,所以我答应了。想不到不久去拔牙,一次又一次的,每次都渗血四五天,饮食不便,疲累不堪。不得已,又请印海去代表。两次都没有能亲自参与临济寺的戒会,只能说因缘不具足了。

一九六七年(六十二岁)冬天,台中慈明寺传戒,请我任得戒和尚。不过,我是看作慈明寺传戒,我不过随喜而已。好多年前(一九六〇或六一年),演培陪圣印来,说起为了满足智性老的遗愿,要举行第三次戒会。传戒要向中佛会转呈申请,通例要有得戒和尚的名字。那时,智性老已经去世,所以圣印要我出个名字去申请。演培也帮着说。好吧!就作个人情,用我的名字去申请吧!想不到过了这么多年,真的要传戒了,那就只好当一次得戒和尚了。其实,圣印要我当得戒和尚,一开始就错了!

在一九六五年的华僧大会上,有人提了一个革新传戒制度的提案。不合佛法、不切实际的提案,横竖是行不通的,我连反对的兴趣都没有。大家也都随便地通过了,由中佛会转呈政府备案。圣印用多年来的传戒制度,发出通知,筹备一切。大概离戒期不过(或不到)两个月了,政府核准了传戒的新办法。中佛会召集会议,要圣印去列(出)席。这一下,圣印可着急了。后来经中佛会会议通过,这次筹备不及,姑且通融采用旧制度。不过受戒者的资格,如神经失常、盲哑残废,绝对不得受戒(这些,我都是后来知道的)。不久白圣法师回国,离戒期不到一月了,认为应严格执行政府核准的规制。圣印来报恩小筑看我,我主

张:中佛会是中国佛教的最高机构,遵从教会的意旨是不会错
的,这又不是你出尔反尔。戒弟子多少,有什么关系! 圣印当然
有些事实困难,不可能像我那样的无所谓。后来由中佛会特派
专员去慈明寺审查受戒者的资格。那天晚上,我没有在慈明寺。
听人说:有新戒起来说话,辞锋相当锐利,审查者是并不容易答
复的。就这样地审查了一会,也就算了。世间事是不可思议的!
慈明寺戒期还没有终了,中佛会会议决定:新规制窒碍难行,呈
请政府,还是采用老规矩。这个新方案,与慈明寺传戒相始终,
似乎有了慈明寺传戒,就有新规制的必要一样。圣印请我当得
戒和尚,不知添了多少麻烦,费了多少口舌。但由于中佛会要推
行新规制,那些想受而还没有受戒的,怕再没有受戒的机会,大
家发心来受戒。慈明寺戒会,受出家戒的多达四百二十五人。
中佛会的新规制,起了号召大家来受戒的副作用,世间事真不可

思议！我是个无事人，一向信任因缘，由因缘去作决定好了！

一九六九年（六十四岁），我又参加了基隆海会寺的戒会，任尊证。

一九七〇年（六十五岁）：三月初，应嘉义天龙寺心一和尚的礼请，传授在家的五戒与菩萨戒。戒会期间，并主持大殿重修落成典礼。

一九七五年（七十岁）：三月初四日起，黄陈宏德于报恩小筑传授五戒及菩萨戒，礼请我为传戒和尚。受戒者人数不多（四十八人），但戒会清净庄严，与一般的兼事经忏、广招供养的风格不同。

一九七七年（七十二岁）：八月，应马来西亚本道戒兄的邀请，参加金马仑三宝寺三坛大戒的戒会，任说戒和尚；羯磨与教授由竺摩、演培二位担任。十六日开堂，九月初四日圆满。

从左至右：演培、本道、印顺、竺摩

一九七八年(七十三岁)：台北市松山寺是道安长老所兴建的,蔚为台北名刹。道老定于一九七八年传授三坛大戒,但不幸于一九七六年腊月初圆寂。继任住持灵根法师为了满足道老生前的遗愿,仍按时举行戒会,礼请我为得戒和尚。戒会于九月二十九日开堂,十月二十六日圆满。

一九九一年(八十六岁)：新竹福严精舍大殿等,由住持真华重建,于国历十月中落成开光。海外学友演培、仁俊、妙峰、印海、唯慈等都远来参加盛会,并在精舍举行在家菩萨戒会,由我与演培、真华任三师。

参与戒会,在我这一生中,都不过随喜而已。

二九　我与居士的佛教事业

佛教的在家弟子,应以佛教的立场,从事文化、慈善、社会福利事业,这不但契合佛教的菩萨精神,也能取得社会大众的好感,有利于佛教的流行。所以在家居士而能从事佛教的文化与慈善事业,不论他对我怎样,我都表示由衷的赞叹!

一、台中李炳南老居士领导的莲社,对我有思想上的距离,所以在《佛法概论》事件的动荡中,有台中烧毁我著作的传说。在重信仰的宗教界,这可说是一般的现象。一九六四年,我辞退了慧日讲堂的住持,要去嘉义掩关时,听说李炳老领导莲社同人,发起建立菩提医院。在那时,这是佛教界难得听到的好消息!我与演培、续明洽商,决定以台币五十万元,乐助菩提医院建院费用。本来,我们只希望,在某间病房中,纪念性称为"太虚室"。但炳老建议:在医院旁建一座"太虚大师纪念馆"。上层供佛及虚大师的影像与略传,可引导病者及其关系人的信佛;下层供医院使用。炳老的好意,我们当然接受了。一九六六年农历十一月初一日落成,邀我去剪彩。我本着乐施——与人为善的观念,所以从不问医院的内务与进行的程度。炳老有良好的风范,莲社有众多的社员,我抱着乐观其成的心情。但起初鼓吹推动的于

太虚纪念馆

凌波似乎渐渐地退却了,多少引起我的疑问。菩提医院建成了,正式开业。由于佛教界缺少(西)医务人才,加上人事的不能和谐合作,阳光乍现的菩提医院,就陷于低沉;不久,等于从佛教界消失了!

二、纽约的美国佛教会,在福严精舍成立"驻台译经院",这是极有意义而又不免失望的事。因缘是这样的:一九六九年,新竹福严精舍与台北慧日讲堂,在常觉与印海的主持合作下,福严精舍增建了大讲堂与学生宿舍,开办女众的福严佛学院。到一九七一年夏,学生毕业,也就停办而恢复为男众道场。精舍房屋多而住众少,未能物尽其用,未免可惜!恰好美国佛教会沈家桢居士,读《大宝积经》而充满法喜;希望能译为英文,也就将《大宝积经》的妙法,介绍给英、美等西方人。这一理想与发心,是希有难得的!住在新竹的许巍文居士与沈居士是德国同学,信函中提及、讨论,而有在台湾办理译经院的决定,进行寻觅土地、建筑设计等工作。我听到这一消息，觉得是大好事，征得福严印海住持的同意后，向许巍文等提议：觅地、建筑，至少还要等一二年时间，不如无条件地先借用福严精舍的大部分房屋，进行译经工作。在顺利进行中，再觅地建筑，不更理想吗？这一提议，当然得到大家赞同，"美国佛教会驻台译经院"，就这样的在一九七一年秋季成立了！院长是在美的沈家桢；在台湾有两位副院长：顾世淡主持译务，戈本捷主持事务。当时参加翻译的，有四五位，现在译介世界佛学著作的许洋主，就是其中的一人。译经院成立不久，我就进入大病、长病的阶段，所以不知成立后的情形如何。偶尔听说，二位副院长间有些不太协调，那也只是听说而已。可能是一九七七年初吧！主持译务的顾副院长辞退了，由张澄基居士继任。《大宝积经》是合编四十九部大乘经而成的，经张副院长的研阅，觉得其中二十八部更能适合西方人士，因而选定二十八部，没有译出的要翻译，已经译出的再加校定，大家继续为此而努力。一九七八年夏，福严精舍性梵住持来说：不知为了什么，译经院决定要迁往北投农禅寺。我以为：我们只是无条件地提供房屋，欢迎来译经，只希望译业成功。迁移，应有他自身的需要，我们也应该欢喜地送他们。一切都迁移到农禅寺去了。不久，听说译经院宣告停办，这是我所想不到的！据说：精选译出的二十八部，送往美国出版。我不通英文，所以到底有没有出版，也没有知道。不过，七年的时间，动用译务、事务的人不少，所费应该是不少的。如停译而毫无成就，这不免太使人失望了！办医院，译佛经，我们都无条件地赞助过居士们，而结果都等于零。我不会怪哪一位，只是为中国佛教界（美国佛教会，也是中国式的佛教）的衰落而惆怅！

三、周宣德老居士对现代佛教的年青化，是有贡献的！虽在《佛法概论》的风波中，他也曾劝我：中国佛教不要提倡日本化，也不要小乘化。那是在无限的谣言中，他也信以为真而已。一九五九年，他赞同丘汉平居士的建议，成立大专奖学基金，以引导大专同学的接近佛法，也征得南亭长老的赞同。丘居士当时是中佛会"国际文教"委员，想到我这个空负名义的主任委员，觉得应该征求我的同意。那时，我在菲律宾马尼拉，宣老就写信给我，叙述情形而希望我赞助。我觉得这是大好事，是引青年学子接触佛法的好方法，所以我表示愿意参加一份。这样，由南老与我、丘、周——四人四份，组成了"国际文教奖学基金会"。但为了免除不必要的异议，又加入一位委员（不负经济），大专奖学，就这样的开始。接着，各种奖学基金纷纷成立，都由宣老负责奖学事宜。一九六一年，成立慧炬社，发行《慧炬》月刊，深入各大专院校。大专院校内，成立佛学社团共六十多所，这可说都是宣老在努力推动。他有教授资格，是老党员，所以能深入院校而有这样的成就。有些长老，怪他不请法师去开示，不引导学生来皈依，其实宗教色彩太浓，在那时是不太适宜的。是六十×年吧！宣老从美国给我一封信，大意是：慧炬社已成为大专院校同学集会的活动中心，原有的二层建筑已不敷使用，决定加建三层，希望我能有所赞助。我回信表示，愿随喜赞助。后来，我派人去台北，带去一封给宣老的信，并台币三十八万元（合当时美金一万元）。随喜乐施，是不用宣扬的，所以接近我的人都不知这件事。一九八五年，仁俊等在美国为我祝寿并座谈，宣老提起这件事，被记录而刊登在香港的《内明》，所以我也就说到。从奖学基金而引起成立大专院校的佛学社团，使台湾佛教年青化，宣老的功德是不可没的。在我与居士团体的关系中，这是没有使我失望的一次！现在宣老已去世了，愿继承这一事业的，能永远地引导学生，趋向于纯正的佛法！

三〇　老年病更多

我一生多病，过去所患的是肺结核，但没有吐血、咳嗽、潮热等现象，所以引起的虚弱疲累，算不得大病。到了晚年，大病一次又一次地发生，到现在——一九九八年（九十三岁）还没有死，真是"业缘未了死何难"！

一九七一年（六十六岁），住嘉义妙云兰若。春季以来，身体就感到异样的不舒服，这可能是业缘将了的预感，所以写了自传式的《平凡的一生》，以为这是我"最后的篇章"了。八月，某日中午，休息以后，照例地起来泡茶。但走不到几步，站不稳而跌了一跤，虽没有什么伤害，却出了一身冷汗，身体是越来越虚弱了！

冬天，为了去楠梓慈云寺主持开光，与弟子数人，早一天去高雄。当天去元亨寺、宏法寺，也到澄清湖参观，晚上住千光寺。早上起来，腹部觉得很不舒服，虽去慈云寺主持开光典礼，但午斋只喝几口汤而已。次日，与明圣乘车到新竹圆光寺，本来是要去一同寺主持菩萨戒会的，但觉得腹部病情严重，先请医生诊治。诊断后，医生问我："你住在哪里？""嘉义。"他说："那还来得及，赶快回去！"我了解医生这句话的意思，病重得快要死了。

明圣着急起来,电话告诉新竹印海、台北真华法师;与报恩小筑的黄陈宏德联系,决定我到台北的宏恩医院诊治。当晚到了宏恩,经诊断为小肠栓塞,次日开刀。小肠栓塞是上下不通,上不能进饮食,下没有大小便。我的体温、脉搏、白血球,据说一切正常,可是手术后十三天,还是上下不通。医生建议非再动手术不可,但我不愿再动手术,因为自己知道,即使再开刀而病愈,但元气大伤,也不能再弘法,为三宝服务了。半生不死地活下去,也只是浪耗信施而已。道源长老来看我,说了些义正词严的好话,我是经不起说好话的人,这才答应再挨一刀。晚上动手术,第四天通气,恢复了上下的通畅,总算从死亡线上回来了。住院三十八天出院,但进院时体重五十二公斤,出院只剩四十六公斤了。病中承善信的关怀,道友的关怀,演培等从海外来台探视,都使我心感!

大病似乎好了,其实问题还严重得很。一、住院期间,长期的整天注射,手臂露在外面,没有按摩、保暖,所以右手患有严重的风湿关节炎。治风湿关节炎的药,不问中药、西药,多服都是要伤胃的,所以我采用土方:制一只双层——夹的衣袖,用浸透姜汁(干了)的棉花放在夹层的衣袖里,不论白天、晚上,天热、天冷,一直戴在右臂上。一方面,右手臂轻微运动,使右手臂的活动空间增大。就这样的保暖与运动,经一年多时间,右手严重的风湿关节炎才完全好了! 只是右肩变得比左肩高些。二、肠部的手术引起后遗症:上午有三次不正常的大便,吃什么(中、西)药都不见效。虽饮食、睡眠如常,身体即越来越瘦,到一九七二年(六十七岁)八月,身高一七六点五公分的我,体重竟低到四十二公斤。那时,晚上睡着了就会出汗;颈项与胸部有黏汗,虽然不会滴下来,可是怎样也揩不清净;早起有凉意,等到吃了稀饭,从头面、颈项到胸背,无不大汗淋漓。没有什么苦痛,可是越来越虚弱无力,摇摇欲倒,直觉得到了死亡边缘。但业缘未了,不可思议的因缘又来了。我那时住台北的报恩小筑,上海商业银行的沈居士来电话说要见我,护病者告诉他:老法师身体虚极,等身体健康些再联络。但沈居士还是来了,他不知报恩小筑的地址,所以请张礼文居士陪来。他见了我的病态,也就没有话好说了。张居士愿意为我诊脉,我虽没有见过他,但在一九五四年前后,曾从报上知道:服务于中央信托局的张礼文,治好了一位患肺结核而已病卧不起的患者,所以也就让他诊治。他诊断我是阳虚,开了一剂扶阳的参附汤加减,并说明黑附块的煎法。我只吃了一剂,颈项、胸部的黏汗就没有了。(从此服汤药,后来改用膏方,膏方的一再修改,到现在已服用二十七年了。)这位不是职业医师的名医,不请自来,使我从死亡边缘活过来,因缘是那样的不可思议!"业缘未了",那也只有再活下去了。

病总算好转了,身体也硬朗些,但体重还是不见增加。承美国沈家桢居士邀请,在一九七二年(六十七岁)底,由顾世淦陪同,经日本而到纽约,住在长岛的菩提精舍。安静,空气清新,尤其难得的,是得到日常学友的照顾!在长岛半年,体重增加到四十六公斤;在纽约作健康检查,我的肺结核竟已痊愈了,这才由日常陪同回台湾。回来不久,使我长住台湾的李子老去世了。福严与慧日二道场的住持任满,要集众会议通过。见人多,说话多,体重又滑落到四十二公斤。不得已,在一九七三年(六十八岁）冬,除二三人知道外,隐居到台中南屯路的静室,就是《妙云集》校对出版的地方。起初不见客,不说话,身体才渐渐地恢复过来。静居中,闲来翻阅《史记》,发见些神话化的古代史话,引起研究的兴趣,到一九七五年（七十岁）初夏,一年多的时间,写成了《中国古代民族神话与文化之研究》（三十四万字）。想不到的,体重已从四十二公斤增加到五十公斤。到这,小肠栓塞引起的病,可说痊愈了,但三年半的时间,也就这样的空过了!

"人生无有不病时",对我来说,这是正确不过的,健康只是病轻些而已。一九七五年以后,体重渐增加到五十八公斤,可说是我老健的时代。一九七八年（七十三岁）七月,从南屯路移住台中县太平乡华雨精舍。一九八六年（八十一岁）冬,身体又感到不适,到南投永光别苑（起初没有名称,我称之为"寄庐"）小住。这里很宁静,山上空气又好,所以后来时常来住,特别是夏天,气候清凉得多。不过身体又越来越差了,下午说话的声音越来越低沉,多说几句,气就会上逆而咳嗽。一九九〇年（八十五岁）腊月八日,我还知道腊八粥煮得不太理想。初九早起,坐在床上,摇摇晃晃地倒了下去。再坐起来,再倒下去,亏了明圣的扶持,才能起身到经室中坐。我不知什么病,只是近来有些头痛而已。明圣预定十二日去花莲检查身体,机票也买了。见我的情形异常,怕去花莲而我病情加重,所以雇车送我到大甲蔡博雄医师处,这是经常关心我健康的一位善友。两天后,转沙鹿光田医院,经扫描发现左脑部有淤血,需要赶快开刀。明圣向真华法师报告,真华与花莲的证严（慧璋）联系,决定转移到台北的台大医院。台大方面,由曾汉民大夫率车南下沙鹿接我。到了台大,一切已准备就绪,立刻进入手术室,手术顺利完成后,进入加护病房。这几天的事,我完全失去了记忆,连怎样从台中到大甲,我也不知道。但据说:我在大甲时,饮食如常,按时喝茶,还要看报呢!但记忆完全失去了。从加护病房转住病房,五六天后,才完全清明过来。到一九九一年(八十六岁)正月十五日出院,共住了三十一天。脑部积有淤血,可能是跌跤碰撞而引起的,会发生半身不遂,不能言语,类似中风的病态。亏了明圣要去花莲,才使我免了半死不活——半身不遂、不能言语的病。他要去花莲,是我又一次的难可思议的因缘。出院后,先到大甲永光寺静养,然后回台中华雨精舍。春末,患了带状疱疹,拖了三个月才痊愈。

　　一九九一年秋天,福严精舍重建落成,我去参加盛大的庆典。人客见多了,引起血压升高、脉搏增快的现象。冬初,去屏东法云精舍小住——这是依道、慧润建立的道场,因鼻过敏而引起鼻炎。回华雨精舍后,发生腰脊骨神经痛,真是起坐为难。在惠民医院电疗,似乎不痛了。一九九二年(八十七岁)夏天,去永光别苑静养,承真智把日产的小型电疗器给我,起初一天两次——上下午各一小时,后改为上午一小时,腰脊痛渐渐地好了,但这只是控制,病根是不可能断除的。冬初去花莲静思精舍,鼻炎又大发,右腮都肿了,凭了一日四次的消炎针,七天才算平复。从脑部手术以来,语言的声音响亮了,见我的人都说我身体好。其实,带状疱疹、鼻炎、腰脊骨酸痛,接二连三的小病,身体越来越衰瘦,到一九九三年(八十八岁)春天,体重已只有四十九公斤了。

"生老病死",老了就不能不病,如眼、耳、牙齿、记忆力等,老年不免多少变化,这就是病呀! 一生多病的我,老年病更多。中秋前,回到华雨精舍,在下层肋骨左右连结处(呈三角形向下),偶尔有些痛,也没有注意它。九月二十二日起,那里相当痛,痛到晚上不能入睡,还有发烧现象。二十五日,经王辉明大夫的联络,进住台中荣总医院。经诊断为胆结石,这是算不得大病的。但为了我身体的衰弱,先调理而后(初十日)进行割胆手术,顺便对大小肠调理一下。十月二十四日出院,再经休养,病是完全好了,但体重只剩四十五公斤。

一九七一年(六十六岁),开始从眠椅中起来跌了一跤,从此不知跌了多少跤了。几年前因脑部淤血而住院,还不是跌跤碰撞所引起的? 最严重的,要算一九九七年(九十二岁)二月十九日的一跤。跌倒起来,感到左脚筋痛,一天天严重,左肩背也痛,延伸到左肋骨,后来连右脚也痛了。二十二日,住进台中荣总医院治疗。等到好些,又坐轮椅去复健处复健,四月初三才出院。

病可说好了,但左肩背弯了,成为"夹肩驮"。

夏季,去南投永光别苑,真华法师新建的"中道学苑",都住了二十多天。空气清净,人事简单,身体又似乎好些。可是到了十月三十日晚,感觉声音变了,喉音沙哑,咽喉也不舒服,渐渐咳嗽起来。严重的恶性感冒,白天咳嗽,晚上的咳嗽也多,睡眠不足,引起胃的消化欠佳。有几天中午,几乎不想饮食,习惯的中午一碗汤,从此停止了。食品到了小肠,部分就化而为气,肚皮鼓鼓的,轻轻敲,咚咚响,我每戏称之为"一肚子的气"。好在前面出去,后面进来,没有阻塞,但却影响了大肠。感觉要大便,其实是气要出来;气出来,有时带些大便。这样的情形,下午最严重。好心的医生不请自来。有的是中医,有的经仪器的测验而用中药的。大家主动发心而来,也增加了困扰。病况一直拖下去,身体一天天地感觉虚弱。今年(九十三岁)三月二十四日,就到永光别苑去住;六月二十九日才回到台中,身体也可说好了,但这当然是不彻底的。

去年跌跤以来,身体渐渐地瘦下去,瘦到皮包骨了。有人说"有钱难买老来瘦",瘦对老人是有利的。但我觉得瘦了,体力也差了。早上不能自己起来,两足站不稳而要屈下去。白天好些,慢慢地走,也还是摇摇摆摆的。我不希望身体会再健康起来,只是无事挂心头,安静地等待那最后一天的到来!

三一　大陆之旅

　　别离大陆四十多年了，八十九岁（一九九四年）老僧，竟去大陆一游，可说真是意外！这主要是不忘当年求法修学的因缘。七月三十日（国历九月五日），从台中华雨精舍出发，抵中正机场，夜宿机场附近的旅馆。八月初一日，集合了同行的厚观、性滢、明圣、达闻、导游蔡芳辉——六人，乘机抵香港，又转机抵福建的厦门，住东南亚大酒店。在厦期间，访问了南普陀寺、闽南佛学院。这是我求学与多次讲学，并因此地传戒而远离了大陆，可说与我有殊胜因缘的道场。住持妙湛长老，与佛学院师生列队欢迎。我没有通知，而是同安梵天寺的厚学，提早来厦门，与寺方说起，这才有欢迎的场面。在厦门，还见到了虚大师的弟子蔡吉堂居士。

　　初三日下午，离厦门而到浙江的宁波，住亚洲华园宾馆。先去我受戒的道场天童寺。寺院如旧，只是住众少些。顺便去阿育王寺，这里有阿育王的佛舍利塔。再到奉化的雪窦寺，我带了一束鲜花去。雪窦寺是虚大师舍利塔所在，也是我主编《太虚大师全书》的地方。可惜虚大师的舍利塔，已被毁灭了！只得将鲜花遥敬。归途经过溪口，访蒋公故居丰镐房，一切都整齐清洁。去雪窦寺的路,部分正在整修,高低不平,所以那天晚上睡得很疲劳。雪窦寺住持月照与方兴居士等来旅馆相见。他从杭州回来,知道我去雪窦,所以特地来访问,并赠送些与弥勒佛有关的法物。

初六日下午乘轮船而到普陀山,傍晚登岸,住息来山庄。我去前寺——普济寺瞻礼,在礼佛时,心地平静,也没有想什么,却不自觉地心情激动,泪眼模糊,这是我一次不可思议的心境。普陀山已全山统一,现任住持妙善长老;普陀山佛教(协会)管理处在磐陀庵。恢复的庵堂不多,有些已成为饭店、餐厅、商店。我出家的道场——福泉庵(现名为福泉禅林),现有男众佛学院(另有女众佛学院)。我去时,学生们列队欢迎,我也为同学们略作开示:"为佛法而学,不作世间学问想;自净其心,利济人群。"傍晚,圆真(汉院同学世光)来息来山庄。妙善长老及监院等好几位法师也来访,谈到传戒与讲戒的问题。说到复兴佛法,我说:"培养僧才第一!"又去佛顶山——慧济寺,是我阅藏的道场。一切如旧,只是从前的阅藏楼不见了! 回途到后寺——法雨寺瞻礼。

乘轮船由普陀而到上海,已是初九日的黎明,住扬子江大酒店。先到圆明讲堂,这是我戒和尚的道场,相当庄严,有圆瑛和尚纪念堂。现任住持明旸戒兄,去了德国,所以没有见到。回旅馆,约见蔡惠明居士,谈到了月熙、宽道、法尊等的故事。又去玉佛寺瞻礼,见到住持真禅。虚大师圆寂的直指轩,已改为"中客堂"。来玉佛寺礼佛、参观的人太多了,有交通壅塞的感觉。

十二日上午,搭机抵北京(北平),住昆仑饭店。郭朋(性觉）来旅馆叙旧，郑立新（光宗）、李荣熙（惟幻）等也来了，都是抗战期间在四川相识的学友。我与郭朋、张新鹰（世界宗教研究所图书馆馆长）等一起去办有中国佛学院的法源寺。才进寺门，有二位居士向我顶礼：一位是观空法师的弟子刘宗旺，一位吕铁钢居士，他们都是从书上见到我的照片而认识的；吕居士赠我一本《法尊法师佛学论文集》。我们参观了佛学院与佛教文物馆，又与郭朋等去广济寺——中国佛教协会所在地。协会会长赵朴初老居士正参加"全国政协宗教委员会全国宗教领袖会议"，得到信息，赶回广济寺相见。朴老谈及两岸佛教交流，并说寺庙在恢复中，但最重要的还是培养人才来主持。晚上，朴老派人送来弘一大师写的《金刚经》与《药师经》，并代上海明旸戒兄送来茶叶等礼物。

十五日，厚观离北京而去日本东京，我们五人搭机抵杭州，住环境非常清幽的黄龙饭店。这是中秋佳节，可惜晚上小雨，见不到明月！

十六日，乘汽车抵海宁市（硖石镇），住海宁宾馆。惠生夫妇、金娥与长子陆子康来宾馆相见。别来六十多年了，相见不免有意外的感觉。从他们的谈话中，知道引宝已于一九四五年去世。他们现在都住在硖石，所以我也不问故乡是怎样了。十八日是观潮节，性滢他们去盐官（从前是海宁县城），在钱塘江边观潮。惠生邀我去他的家，见到了惠生的儿子茂荣与茂鑫，金娥的儿子子康与子林，还有下一代的儿女。这么多的人，是当年离家时所想不到的。大家相见，想起从前，都不免又喜又悲的！惠生、金娥等与我们同行，返杭州，住黄龙饭店。

二十日,与性滢等瞻礼灵隐寺。沿路摊贩林立,人潮拥挤。买门票入山门,再买票入大殿礼佛。寺内的堂舍,几乎都是贩卖物品的。这样的商业化,失去了古寺幽静庄严的山林气息。我们不再耽搁,去作西湖的游览。过去湖水浅而清澈,现在是湖水混浊。一切都变了……沿湖一周,回饭店休息。

二十一日,离杭州,乘飞机抵香港,住凯悦饭店。慧莹与妙华佛学会多位居士来见。他们煮粥及豆腐等供养,这是在旅途中第一次吃到平常食品了。我带了鲜花,往芙蓉山礼拜太虚大师纪念塔,与护塔者等慈相见。舍利塔四周植树,相当清净。二十四日,返抵台湾中正机场;法藏法师来接,并送我回台中华雨精舍。二十四天的大陆之旅,就这样平安地结束了。

三二 旧地重游

一九九五年(九十岁)二月初八日,在明圣的随侍下,我又重来星加坡,住在慧琪的宝光佛堂。这次来星,是为了避免台湾方面可能为我祝贺九秩嵩寿,引起应酬的辛劳。所以三月初十日,我又离星而到马来西亚的新山,住在旅馆里,度过了安静的寿辰——三月十二日;十四日又回星。虽说我避免了寿辰的烦劳,但当地的法师、居士,先后到宝光佛堂来看我;马来西亚的继程法师、菲律宾的广范、美国的净华等,也从远地来相见。我心里感谢他们,但也觉得避寿是太难了!这次来星,我有喜悦感,也有凄凉感。喜悦的是:演培离开了般若讲堂,创建了福慧讲堂。在他弟子宽严的努力支持下,成立了福利协会,已办理了安养院、托儿所、洗肾中心等慈善事业。演培的身体还好,真是做到了福慧双修!隆根住般若讲堂,已负起"佛教总会"会长的任务,也是很难得的!(我与师弟印实共收的)弟子厚宗,成立了慧严佛学会,专心弘扬佛法,培育僧才。最喜悦的,还是闽院的竺摩学长恰好也在星加坡,我特地去看他,虽然他已相当的衰老,但这到底是难得的一见!凄凉的是:闽南长老广洽、宏船、常凯,竟都去世了!优昙学长那样健朗的身体,也已离去。耆旧凋零,未免为当地的佛教而叹息！广义法师因中风而长在病中，我去探问他，他还认识我，也记得自己的年龄，但衰弱不堪，那一年就去世了。特别感到凄凉的，是一九六五年来台依我出家（就去法云寺受戒）的慧圆、慧平等七位，竟一位也见不到了，这未免引起人生无常的感觉。这一次的远行，在三月二十五日离别了而回到台湾。

一九九六年（九十一岁）八月，我又到了星加坡。去年来星，好多位善友一再劝我长住星加坡：这里的环境安定、繁荣，又整齐清洁。劝我住星的信息，去年来一再地传到台湾。我觉得年纪这么大，病又多，是很难适应的。大家这样的好意，就再去一次吧！在星加坡，住宝光佛堂，又往来于慧严佛学会的旧址。见到演培，觉得他的身体与去年差不多。一次我到福慧讲堂去，没有见到他，也不知他去了哪里，我多少有点疑虑。九月三十日（国历十一月十日），我住在慧严佛学会。晚上，明圣接到电话，就呜呜地哭起来，原来演培因心肌梗塞而去世了！这是非常意外的。十月初一早上，我去福慧讲堂，见演培安详地睡在床上。信众们都为他念"南无当来下生弥勒佛"，祝他往生兜率内院。初六日举行大殓，我又去瞻视演培的遗容。我这次南来，可说有点意外，原来是为了与演培永别呀！慧严佛学会旧址是非常安静的。但由于演培的去世，菲律宾的广范、自立，美国的仁俊、印海、幻生、净华等都来了。台湾去的学友、学生、弟子，来的人更多。知道我在星，顺便来慧严佛学会看看我，安静的环境，竟也是人来人往了。想到死者已去，而我在老病下还要拖下去，真自惭业缘的深重！十五日，我回到台湾。虽然还有人希望我再去，但这是不可能的了！

三三　早年的修学历程

　　清光绪三十二年(一九〇六年)三月十二日(阳历四月四日),我出生于浙江省海宁州(民国改为县)城东,离卢家湾镇二里的农村——张角兜。俗姓张,名鹿芹。家里有大约十亩的田地,父亲学义公在新仓镇泰源南货店任经理,所以我的家庭是半农半商的。母亲陆太夫人,身体不太强。还有一位比我大七岁的姊姊,名彩琴,家里的人口简单。

　　宣统三年(一九一一年,六岁)六月中,我开始到附近的私塾去读书,读了《百家姓》、《千字文》与《花夜记》。一九一二年(七岁),跟父亲去新仓镇,先进私塾,秋季才转读第二初等小学堂。新仓镇离我家七里,是近钱塘江的小镇,也就是父亲经商的地方。一九一五年(十岁)冬天,我初小毕业。由于学校改为秋季始业,所以一九一六年(十一岁)上学期,先在家里自修,秋天才去离家二十里的硖石镇西山下的开智高等小学堂读书。我是插班人二年级的,所以一九一八年(十三岁)夏天就毕业了。从一般教育来说,我从此就失学了!在我的记忆中,抗战期间死于重庆的吴其昌、在台大外文系教学的虞尔昌(鄞墅庙人),都是我的同学,但他们是高材生,我是勉强及格了的。

　　我从学校回来，父亲见我身体寡薄，不适于农、工；生性内向，不会应酬，也不适于从事商业；读书还算聪明，所以要我去学医。一九一八年秋天，就开始在离家一里的中医师沈子春先生家里，从沈老师学习，早出晚归。但老师很忙，并没有教我，只要我读些医书，如《素问》、《伤寒论》、《难经》等；也读些《本草从新》、《雷公炮制》(?)、《汤头歌诀》等药书。我了解些医理，但那些纯凭记忆的本草、什么味甘、性温、安神、补元气之类，实在记不住，记不住也就失去了兴趣。我默默地将兴趣移到仙道方术上，津津有味地读些《性命圭旨》、《金华宗旨》、《仙术秘库》等道书，对"奇门遁甲"也有浓厚的兴趣。有兴趣，就是不好懂！"欲知口诀通玄处，须共神仙仔细论"，我想出外学仙去。这虽是可笑的，但无意世间的倾向，已充分表现出来。

　　家里人口简单，在我读高小时，大姊出嫁了（生一子一女，后因产后痢疾去世）。从高小回来，学医也还是早出晚归的。家里的事务，仅母亲一人处理；劳累不堪，引发了离奇的病：到冬天，天气越冷，母亲的身体越差，几乎无法起床；春天来了，天气渐温暖，母亲的身体又慢慢地健康起来。三四月间，仍能做非常辛劳的养蚕工作。一年又一年，好几年都如此，父亲感到非有人帮助不可。同时，父亲知道我在仙道上着了迷，所以一九二○年（十五岁）冬天，在"父母之命"下，为我举行了结婚礼。我的伴侣姓金，名引宝，比我大三岁。她性情朴实温和，能帮助家务，母亲的身体越老越健康了！我虽有了夫妇的情爱，还是放不下修仙学道的理想。父亲知道了，才决定我停止到沈府学医。

　　一九二一年（十六岁）下学期，我去新仓镇母校——第二初小教书。环境变了，在师友的启发下，放下仙道方术，改而探究《老子》与《庄子》。我深感老、庄哲理的深奥，但为人处世似乎消极些。在母校仅一年，一九二二年（十七岁）下学期，追随朱展臣老师，去离家九里的旧仓镇第三小学。知道引宝生了个女孩，我特地回家去看她。她姓金，为女儿取名为"金娥"，我也同意了。一九二三年（十八岁）随展老去袁花镇的第五小学。那一年，我进而阅览孔、孟，及《书》《诗》与《易》，但还不忘《庄子》。一九二四年（十九岁）起，展老介绍我去袁花镇以南的杨场（？）第十四小学。学校与佛寺相连，就在寺中饮食（没有素食），也就接触到佛教。一九二五年（二十岁），在这里读到冯梦祯的《庄子序》说："然则庄文郭（象）注，其佛法之先驱耶！"引起我探究佛法的动机。在几处小庙中，求得《金刚经石注》《龙舒净土文》，觉得意义并不相同。后来从商务印书馆购到《成唯识论学记》《相宗纲要》《三论宗纲要》。又从其他的刻经处购得《三论玄义》，及三论的嘉祥注疏。自己学力不足，对唯识与三论思想不容易了解。但佛法（那时是唯识与三论）的高深，使我向往不已。在《辞源》中，发现有佛法的术语，我一条条地摘录下来，这对一般佛学的常识，可说大有帮助。一九二六年（二十一岁），回到袁花的第五小学。暑假，我就离开展老而回家。卢家湾镇基督教友褚槐卿先生在自己家里成立一小学，教师病了，听说我回来，就请我去教小学。这样，我又接触到基督教。我读了《新约》《旧约》，对基督有好感，但信主者得救生天国，不信者堕永火——地狱的观念，使我无法接受。一九二七年（二十二岁）冬，我就辞去了教会小学的教职。我的中医老师沈子春先生，请我在他家的厅堂成立一小学,一九二八年(二十三岁)起,我就在沈府教学了!

我在沈老师家,从前学医而倾向于道家方术的寻求;七年以后,又在沈老师家教学,却形成了另一倾向,这里真是我的殊胜因缘。在沈府教学,专心于佛法的探求,从三论、唯识而扩展到一切。我在佛法探求中,面对家乡(五十多华里地区)的佛教,不但神佛不分,更衰落到仅存经忏佛事,觉得佛法与现实佛教的差距太大,有了出家专心修学佛法,自利利他,弘扬纯正佛法的意欲。在沈府仅两年半,而这一期间,却遭遇了意外的因缘。一九二八年(二十三岁)春,晚年健康的慈母突患肋膜炎而死了。秋天,共住祖宅的叔祖父士泷公,因肺病去世。一九二九年(二十四岁)夏,父亲又在终日安详睡眠中去世。"诸行无常","爱别离苦",我在忧苦不堪中,成就了出家学佛的决心。当然,这一期间,也有可喜的,是引宝在一九二九年秋生了一个男孩,取名"惠生"。出家好,但引宝呢?金娥呢?惠生呢?我不能不顾念妻儿。但不能从事农、工、商的我,能专心学医、教学吗?不可能!我的心,已属于甚深的佛法,时时想到复兴佛法,利济人群。我终于在对引宝、金娥、惠生的深深歉意中,远离家庭而去了!

三四　我缺少些什么

今年九十三岁了！回忆我的一生,觉得我的一切,在佛法中的一切,都由难思的业缘所决定,几乎是幼年就决定了的。当然,适逢这一时代,这一环境,会多一些特殊的境遇。我应从出家以前的,理解出家以后的一切。

我幼年身体一向寡薄。曾患了大半年的疟疾——四日两头;这在当时,是没有看作什么大病的。身体寡薄,而发育却又早又快,十五岁就长成得现在这么高了。寡薄瘦长的身体,对我未来的一切,应有深切的影响。

我生于丙午年(一九〇六年),与身份证年龄差了五岁。我又不要逃避兵役,又不会充老卖老,为什么多了五岁？说起来是可笑而可悲的。一九四一年,我任合江法王学院的导师。晚上去方丈室闲坐,宗如和尚问我:"导师! 你快六十岁了吧!"我听了有笑不出哭不出的感觉,只能说:"快了! 快了!"三十六岁的人,竟被人看作年近六十,我那憔悴苍老的容貌,与实际年龄太不相称。说出实际年龄,是会被外人(在家人)讥笑的。从此,就加上五岁。说习惯了,一九四六年(四十一岁)在开封办身份证,也就这样多报了五岁。我想,身份证不用改了,实际年龄还是改正过来吧！

六岁（一九一一年）的六月中，我进私塾去读书，学名"明洲"。一九一二年（七岁），跟了父亲去新仓镇，进第二初等小学堂。一九一五年（十岁）冬天，小学毕业。一九一六年（十一岁）秋天，去离家二十多里的硖石镇的开智高等小学堂读书。我是插入二年级的，一九一八年（十三岁）夏天就毕业了。回忆起来，在初小、高小修学时，我的特性——所长与所短的，那时就明显地表现出来。

一、我与艺术是没有缘的。写字、图画、手工、唱歌（还有体操，那是与体弱有关），我在学校中，怎么也不可能及格的，所以平均分数，总不过六十几分。没有艺术气质，所以学过吹笛、拉胡琴，怎么也不合节奏。我也学过诗，诗韵、诗法懂一点，可是哼出来的，是五言或七言的文章。我不会欣赏音乐，也不懂名家字画的好在哪里。说话没有幽默感，老是开门见山，直来直往。对一个完满的人生来说，我是偏缺的。

二、七岁就离开了母亲。父亲到底是父亲，生意忙碌，除了照顾换洗衣服、理发外，缺少了慈母那样的关怀。十一岁到硖石去读书，寄宿在学校里，连父亲也不见了。自己还不会照顾自己，不知道清洁、整理。乡下来的孩子，体格差，衣服、文具都不及同学们，产生了自卑感、孤独感，什么都不愿向人倾吐。除了极亲熟的，连向人说话都是怯生生的。生性内向，不会应酬，是我性格的一面。

三、我也不能说没有长处，学校的功课方面，国文、算术、历史、地理，特别是国文，我是不能说太差的。在高小第三学年，张仲梧先生授国文，我有了长足的进步。我的作文，善于仿古，又长于议论。一篇《说虎》，曾得到了五十分（满分）加二分。所以在我的性格中，又有自命不凡的一面。自卑与自尊，交织成我性格的全体。我不爱活动，不会向外发展，不主动地访晤人。到现在，我也很少去看人的，而只能在安静的、内向的，发展自己所能表现的一面。

四、我从小有一特点，就是记忆的片面性。一部分（大抵是通过理性的）不容易忘记，一部分（纯记忆的）实在记不得。从家到新仓，不知走了多少趟，但自己还是会走错的。直到四十四岁，在香港湾仔佛教联合会住了近两个月，时常去跑马地"识庐"。跑马地是电车总站，所以到跑马地下车是不会错的，而从跑马地回湾仔，那就不是下早了，就是过了站。进大医院去，如没有人陪从，每每就走不出来。对于人、人的名字（历史人物倒还容易记），也是一样的记不住。有的见过几次面，谈过话，同吃过饭，下次见了，一点印象都没有，这也难怪有人说我高傲得目中无人了。对于信徒，问他姓什么，一次、两次，自己觉得不好意思再问了，见面非常熟，就是不知道他姓什么。非要经多次接触，或有什么特殊情况，才会慢慢地记住。门牌、电话，那是从来记不得的。不认识路，不认识人（不要说年龄、生日了），决定了我不会交际，不适于周旋于社交的性格。

从小就身体寡薄，生性内向，不会应酬。自卑而又自尊的我，以后当然要受此因缘所局限而发展了。父亲见我是不会生意经的，读书还聪明，所以要我去学医。在学医期间，因见到"医道通仙"，想出外学仙去。无意世间一般的倾向，已充分表现出来。父亲见我学仙着了迷，不能让我再这样下去，于是要我

到小学里去教书。从一九二一年(十六岁)下学期起,到一九三
〇年(二十五岁)上学期止,整整的九年。对于教小学,我应该
是不合格的。我是拘谨而不活泼的;图画、音乐、体操等功课,我
是不能胜任的。不能胜任的工作,当然是没有兴趣的。我的兴
趣,专心于自己的阅读,但已从丹经、术数,而转到《老子》、《庄
子》,孔、孟,《旧约》、《新约》,佛教的经论:都没有任何人指导而
全凭自修。

前生的业力,幼年的环境,形成了自己的特性。从完整的人
生来说,我是缺点太多了的。以知识、能力来说,我是知识的部
分发达,而能力是低能的,没有办事能力,更没有组织的能力。
从知识、感情、意志来说,我的知识是部分的,但以自己的反省来
默察人生,所以多少通达些人情世事,不会专凭自己的当前需
要,而以自己的见解为绝对的。我不大批评人,而愿意接受别人
的批评。说到感情,我不知道应用怎样的词句来形容自己。我
没有一般人那种爱,爱得舍不了;也不会恨透了人。起初,将心
注在书本上;出家后,将身心安顿在三宝中,不觉得有什么感情
需要安放。我的同参道友、信众、徒众,来了见了就聚会,去了就
离散,都没有什么特殊的感觉。与我较关切的学友,从来是无事
不通信,就是一年、几年,也不会写封人情信,但我并没有生疏了
的感觉。离了家,就忘了家;离了普陀,就忘了普陀;离了讲堂,
就忘了讲堂。如不是有意的回忆,是不会念上心来的;我所记得
的,只是当前。我缺乏对人的热情,但也不会冷酷、刻薄。这一
个性,情感过分平静,难怪与艺术无缘了。说到意志,极强而又
不一定强。属于个人的、单纯的,一经决定(我不会主动地去冒

险),是不会顾虑一切艰苦的。我生长河汊交流地区,一出门就得坐船。但我从小晕船,踏上船头,就哇地吐了。坐船,对我实在苦不可言。一九三〇年离家,从上海到天津;又从天津回上海。一九三一年,从上海到厦门;从厦门到福州,又从福州回厦门。一九三二年夏天,又从厦门回上海。轮船在大海中,我是不能饮食,不能行动。吐了一阵,又似睡非睡地迷糊一阵;吐一阵,睡一阵,一直这样地挨到上岸。每次,尤其是三天或四天的航行,比我所生的甚么病都苦痛加倍(我想,这种对我身体的折磨,与出家后身体更虚弱而多病有关)。但觉得有去的必要,毫无顾虑,一九三四年秋季,又从上海到厦门了(下年春再回上海)。身体的苦,在心力的坚强下,我是不觉得太严重的;经济困难,也不会放在心上。可是,遇到了复杂的困扰的人事,我没有克服的信心与决心。大概地说:身力弱而心力强,感性弱而智性强,记性弱而悟性强,执行力弱而理解力强——依佛法来说,我是“智增上”的。这一特性,从小就形成了,我就是这样的人。然而,在来台湾以前,我不能认识自己。我的学友——演培、妙钦、续明们,也不能认识我,不免对我存有过高的希望。来台的长老法师们,也不认识我,否则也不用那么紧张了。我所缺少的太多了,能有什么作为呢? 对佛教只有惭愧,对学友们只留下深深的歉意!

三五　最后的篇章

　　我如一片落叶，在水面上流着，只是随因缘流去。流到尽头，就会慢慢地沉下去。人的一生，如一个故事，一部小说，到了应有的事已经有了，可能发生的事也发生了，到了没有什么可说可写，再说再写，如画蛇添足，那就应该搁笔了。幼年业缘所决定，出家来因缘所发展，到现在还有什么可说呢！最后可能补上一笔的，不过是这样的一则：

　　×××年×月×日，无声无息地死了。

后　记

　　这是《平凡的一生》第三次版本，也是重订后全新的版本。本书的发行，我们谨遵照印公导师生前嘱咐："身后出版。"

　　一九七一年的夏天，导师六十六岁，"深感身体的不适"；"似乎因缘已到了尽头"。提笔写下了自传式的《平凡的一生》，略述一生出家、修学、弘法的事迹因缘，编入当时正排校中的《妙云集》下编之十《华雨香云》中。分属二十六篇章，约六万八千字。

　　一九九三年冬天，导师大病初愈，想到又过了二十多年岁月，其间多少有些值得写下的事。因此，"对旧作作了补充，或时日的修正，另成一部《平凡的一生(增订本)》"。内容增加了六个篇章，全书约九万字。隔年秋天，导师以八十九岁的高龄返访大陆；行前，新书出版，导师交代备妥十册蓝缎精装本《平凡的一生》，那是行囊中唯一的礼物了。

　　一九九八年，导师九十三岁，再次把增订本《平凡的一生》做最后的修正和补充，增写了《大陆之旅》、《旧地重游》、《早年的修学历程》等新三篇，共成三十五"最后的篇章"。导师说："到了没有什么可说可写，再说再写，如画蛇添足"，从此搁笔了。九十五岁那一年,明圣法师把导师重订后的原稿交给我。当时,导师微笑交代:"身后再出版。"

在印公已然离去的此刻,重读《平凡的一生》,令人倍感哀思。导师一生平实淡泊,在"从闻思而来的法喜充满"中,精进不已地"在佛法中奉献,在佛法中求进修",希望"对佛法思想界起一点澄清作用"。倾注全部的生命力,毕生坚持不离佛法的立场。不论自修写作,或建寺弘化,无非为了引导普遍的佛子,趋向纯正的佛法。

"离了家,就忘了家;离了普陀,就忘了普陀。"导师说:"我的心,已属于甚深的佛法,时时想到复兴佛法,利济人群。"

礼敬智德圆满的印公,感恩慈悲深邃的导师。愿您很快回到人间来,因为"人间正需要纯正的佛法呀"!

二〇〇五年六月五日

性滢谨志于正闻出版社

附 录

 # 印顺法师著作年表

写作时间	写作地点	名 称	记 录	集 存
1931 年	厦门闽南佛学院	《抉择三时教》		《现代僧伽》
	厦门闽南佛学院	《共不共之研究》		《现代僧伽》
	福州鼓山涌泉寺	《评破守培上人〈读唯识新旧不同论之意见〉》		张曼涛主编《现代佛教学术丛刊》第二八册《唯识问题研究》
1932 年	普陀佛顶山慧济寺	《佛法之危机及其救济》		《海潮音》13 卷 7 月号
1933 年	普陀佛顶山慧济寺	《答守培法师〈驳评破读唯识新旧二译不同论后之意见〉》		张曼涛主编《现代佛教学术丛刊》第二八册《唯识问题研究》
1934 年	武昌佛学院	《三论宗传承考》		张曼涛主编《现代佛教学术丛刊》第四七册《三论宗之发展及其思想》（署名"哑言"）
	武昌佛学院	《中论史之研究》		存目

续　表

写作时间	写作地点	名　称	记　录	集　存
1934 年	武昌佛学院	《清辩与护法》		张曼涛主编《现代佛教学术丛刊》第二四册《唯识学的发展与传承》
1937 年	武昌佛学院	《三论宗史略》		张曼涛主编《现代佛教学术丛刊》第四七册《三论宗之发展及其思想》
1938 年	四川缙云山汉藏教理院	《泛评周继武居士〈起信论正谬〉》		《华雨集》（五）
1939 年	四川缙云山汉藏教理院	《吾国吾民与佛教》		《海潮音》20 卷
	四川缙云山汉藏教理院	《苦痛与知识》		《华雨集》（四）
1940 年	贵阳大觉精舍	《唯识学探源》		《唯识学探源》（《妙云集》十）
1941 年	四川缙云山汉藏教理院	《评〈精刻大藏经缘起〉》		《无诤之辩》（《妙云集》二十）
	四川缙云山汉藏教理院	《摄大乘论讲记》	演培、妙钦、文慧	《摄大乘论讲记》（《妙云集》六）
	四川缙云山汉藏教理院	《〈摄大乘论讲记〉弁言》		《华雨集》（五）
	四川缙云山汉藏教理院	《佛在人间》		《佛在人间》（《妙云集》十四）
	四川缙云山汉藏教理院	《法海探珍》		《华雨集》（三）
	四川缙云山汉藏教理院	《行为的价值与生命》改写为《关于有情流转的业力》		《佛法概论》（《妙云集》八）

续　表

写作时间	写作地点	名　称	记　录	集　存
1941 年	四川缙云山汉藏教理院	《佛教是无神论的宗教》		《海潮音》(署名"力严")
1942 年	四川合江法王学院	《印度之佛教》		《印度之佛教》
	四川合江法王学院	《中观论颂讲记》(未完)	演培	《中观论颂讲记》(《妙云集》五)
	四川合江法王学院	《青年佛教与佛教青年》(即《青年佛教运动小史》与《青年佛教参访记》)		《青年的佛教》(《妙云集》十八)
	四川合江法王学院	《杂华杂记》		《华雨香云》(《妙云集》二三)
	四川合江法王学院	《金刚经讲记》	演培	《般若经讲记》(《妙云集》一)
1943 年	四川合江法王学院	《敬答〈议印度之佛教〉》		《无诤之辩》(《妙云集》二十)
	四川合江法王学院	《中观论颂讲记》(完成)	演培	《中观论颂讲记》(《妙云集》五)
	四川合江法王学院	《大乘是佛说论》		《以佛法研究佛法》(《妙云集》十六)
	四川合江法王学院	《无诤之辩》		文已佚
1944 年	四川合江法王学院	《中国佛教史略》	与妙钦合编	《佛教史地考论》(《妙云集》二二)
	四川合江法王学院	《空有之间》		《无诤之辩》(《妙云集》二十)

续　表

写作时间	写作地点	名　称	记　录	集　存
1944 年	四川缙云山汉藏教理院	《阿含讲要》	光宗等	《佛法概论》(《妙云集》八)
	四川缙云山汉藏教理院	《性空学探源》	妙钦	《性空学探源》(《妙云集》十一)
	四川缙云山汉藏教理院	《政治经济等与佛法》	光宗	《佛法是救世之光》(《妙云集》二四)
1945 年	四川缙云山汉藏教理院	《秦汉之佛教》		《文史》杂志
1946 年		《辨法相与唯识》		《华雨集》(四)
	武昌世苑图书馆	《与巴利文系学者论大乘》		《无诤之辩》(《妙云集》二十)
	武昌世苑图书馆	《从复兴佛教谈研究佛学》	广净	《华雨集》(五)
1947 年	武昌佛学院	《僧装改革评议》		《教制教典与教学》(《妙云集》二一)
	上海玉佛寺	《太虚大师圆寂百日祭文》		《华雨集》(五)
	奉化雪窦寺	《心经讲记》	续明	《般若经讲记》(《妙云集》一)
	奉化雪窦寺	《中观今论》	续明	《中观今论》(《妙云集》九)
	奉化雪窦寺	《西湖佛教图书馆缘起》		《海潮音》29 卷 9 月号

续　表

写作时间	写作地点	名　　称	记　录	集　　存
1948 年	奉化雪窦寺	《佛教之兴起与东方印度》		《以佛法研究佛法》(《妙云集》十六)
	奉化雪窦寺	《评熊十力的〈新唯识论〉》		《无诤之辩》(《妙云集》二十)
	杭州香山洞	《〈评新唯识论〉自序》		《华雨香云》(《妙云集》二三)
	杭州香山洞	《佛教的特色》		《正信》13 卷 11 期
	杭州香山洞	《〈太虚大师〉名号·籍贯·年龄·眷属》		《太虚大师年谱》(《妙云集》十三)
1949 年	厦门南普陀大觉讲社	《佛法概论》		《佛法概论》(《妙云集》八)
	香港佛教联合会	《论西域大乘国之子合》		张曼涛主编《现代佛教学术丛刊》第八十册《西域佛教研究》
1950 年	香港粉岭觉林	《太虚大师年谱》(脱稿)		《太虚大师年谱》(《妙云集》十三)
	香港梅修精舍	《大乘起信论讲记》	演培、续明	《大乘起信论讲记》(《妙云集》七)
	香港梅修精舍	《佛灭纪年抉择谈》		《佛教史地考论》(《妙云集》二二)
	香港梅修精舍	《革命时代的太虚大师》		《华雨香云》(《妙云集》二三)

写作时间	写作地点	名　称	记　录	集　存
1950 年	香港梅修精舍	《中观大乘的根本教义》		《中观今论》（《妙云集》九）
	香港梅修精舍	《〈异部宗轮论语体释〉序》		《华雨集》（五）
	香港梅修精舍	《从学者心行中论三乘与一乘》		《佛法是救世之光》（《妙云集》二四）
1951 年	香港青山净业林	《胜鬘经讲记》	演培、续明	《胜鬘经讲记》（《妙云集》三）
	香港青山净业林	《净土新论》	演培、续明	《净土与禅》（《妙云集》十七）
	香港青山净业林	《法舫法师行传》		《华雨香云》（《妙云集》二三）
	香港青山净业林	《西北印度之论典与论师》（部分）		《说一切有部为主的论书与论师之研究》
1952 年	香港青山净业林	《人间佛教绪言》	仁俊	《佛在人间》（《妙云集》十四）
	香港青山净业林	《从依机设教来说明人间佛教》	仁俊	《佛在人间》（《妙云集》十四）
	香港青山净业林	《人性》	仁俊	《佛在人间》（《妙云集》十四）
	香港青山净业林	《人间佛教要略》	仁俊	《佛在人间》（《妙云集》十四）
	香港青山净业林	《〈法句〉序》		《华雨香云》（《妙云集》二三）

写作时间	写作地点	名　称	记　录	集　存
1952 年	台北善导寺	《汉译圣典在世界佛教中的地位》		《以佛法研究佛法》(《妙云集》十六)
	台湾	《略说罽宾区的瑜伽师》		《以佛法研究佛法》(《妙云集》十六)
	台湾	《广大的易行道》		《佛法是救世之光》(《妙云集》二四)
1953 年	台北善导寺	《序〈佛教时论集〉》		《华雨香云》(《妙云集》二三)
	台北善导寺	《念佛浅说》	常觉	《净土与禅》(《妙云集》十七)
	台北善导寺	《大醒法师略传》		《华雨香云》(《妙云集》二三)
	台北善导寺	《中国佛教前途与当前要务》		《教制教典与教学》(《妙云集》二一)
	台北善导寺	《学佛三要》		《学佛三要》(《妙云集》十五)
	台北善导寺	《佛法与人类和平》		《佛在人间》(《妙云集》十四)
	台北善导寺	《信心及其修学》		《学佛三要》(《妙云集》十五)
	台北善导寺	《自利与利他》		《学佛三要》(《妙云集》十五)

写作时间	写作地点	名　称	记　录	集　存
1953 年	台北善导寺	《中国的宗教兴衰与儒家》		《我之宗教观》(《妙云集》十九)
	台北善导寺	《慈悲为佛法宗本》		《学佛三要》(《妙云集》十五)
	台北善导寺	《建设在家佛教的方针》		《教制教典与教学》(《妙云集》二一)
	台北善导寺	《觉醒吧！佛教兄弟们》		《海潮音》34 卷 9 月号
	台北善导寺	《佛书编目议》		《教制教典与教学》(《妙云集》二一)
	台北善导寺	《论三世因果的特胜》		《佛法是救世之光》(《妙云集》二四)
1954 年	台北善导寺	《佛法之宗教观》修改为《我之宗教观》		《我之宗教观》(《妙云集》十九)
	台北善导寺	《生生不已之流》		《学佛三要》(《妙云集》十五)
	台北善导寺	《一般道德与佛化道德》		《佛在人间》(《妙云集》十四)
	台北善导寺	《解脱者之境界》		《学佛三要》(《妙云集》十五)
	台北善导寺	《药师经讲记》	常觉、妙峰	《药师经讲记》(《妙云集》四)

续　表

写作时间	写作地点	名　称	记　录	集　存
1954 年	新竹福严精舍	《以佛法研究佛法》		《以佛法研究佛法》(《妙云集》十六)
	新竹福严精舍	《点头顽石话生公》		《佛教史地考论》(《妙云集》二二)
	新竹福严精舍	《我怀念大师》		《华雨香云》(《妙云集》二三)
	新竹福严精舍	《佛法有无"共同佛心"与"绝对精神"》		《无诤之辩》(《妙云集》二十)
	新竹福严精舍	《祝"佛教青年"》		《青年佛教》43 卷 5 期
	新竹福严精舍	《我对慈航法师的哀思》		《华雨香云》(《妙云集》二三)
	新竹福严精舍	《大乘经所见的中国》		《佛教史地考论》(《妙云集》二二)
	台北善导寺	《修学观世音菩萨的大悲法门》	唯慈	《佛法是救世之光》(《妙云集》二四)
	台北善导寺	《成佛之道》偈颂		《成佛之道》(《妙云集》十二)
		《我怎样选择了佛教》		《我之宗教观》(《妙云集》十九)
		《大乘三系的商榷》		《无诤之辩》(《妙云集》二十)
		《读〈大乘三系概观〉以后》		《无诤之辩》(《妙云集》二十)

写作时间	写作地点	名　称	记　录	集　存
1955 年	马尼拉大东广播电台	《新年应有新观念》		《佛法是救世之光》(《妙云集》二四)
	马尼拉大乘信愿寺	《信教与信仰佛教》	蔡小娟	《甘露双周刊》1955 年 2 月 15 日
	马尼拉大乘信愿寺	《佛教的财富观》	蔡小娟、贤范	《佛在人间》(《妙云集》十四)
	马尼拉大乘信愿寺	《忏悔的真义》		《甘露双周刊》1955 年 2 月 15 日
	马尼拉大乘信愿寺	《从人到成佛之路》	明道	《佛在人间》(《妙云集》十四)
	马尼拉佛教居士林	《为居士说居士法》	明道	《佛法是救世之光》(《妙云集》二四)
	马尼拉佛教居士林	《生死大事》	明道	《佛法是救世之光》(《妙云集》二四)
	马尼拉佛教居士林	《求生天国与往生净土》	明道	《净土与禅》(《妙云集》十七)
	菲律宾宿务华侨中学	《切莫误解佛教》	明道	《佛法是救世之光》(《妙云集》二四)
	台北善导寺	《菲律宾佛教漫谈》	常觉、妙峰	《佛法是救世之光》(《妙云集》二四)
	乐生疗养院	《从心不苦做到身不苦》		《佛法是救世之光》(《妙云集》二四)

续　表

写作时间	写作地点	名　称	记　录	集　存
1955年	新竹福严精舍	《学佛之根本意趣》	印海	《学佛三要》(《妙云集》十五)
	新竹福严精舍	《菩提心的修学次第》	常觉	《学佛三要》(《妙云集》十五)
	新竹福严精舍	《慧学概说》	常觉	《学佛三要》(《妙云集》十五)
		《欲与离欲》		《以佛法研究佛法》(《妙云集》十六)
		《佛钵考》		《佛教史地考论》(《妙云集》二二)
	台北	《福严闲话》	常觉	《教制教典与教学》(《妙云集》二一)
1956年	台北善导寺	《中国佛教与印度佛教之关系》		《以佛法研究佛法》(《妙云集》十六)
	台北善导寺	《悼念守培上人》		《华雨香云》(《妙云集》二三)
	台北善导寺	《纪念佛诞说佛诞》		《佛教史地考论》(《妙云集》二二)
	台北善导寺	《从一切世间乐见比丘说到真常论》		《佛教史地考论》(《妙云集》二二)
	台北善导寺	《编修藏经的先决问题》		《教制教典与教学》(《妙云集》二一)

写作时间	写作地点	名　称	记　录	集　存
1956 年	台北善导寺	《龙树龙宫取经考》		《佛教史地考论》（《妙云集》二二）
	台北善导寺	《从金龙寺大佛说起》		《佛法是救世之光》（《妙云集》二四）
	台北善导寺	《佛为救护我们而来》	唯慈	《佛法是救世之光》（《妙云集》二四）
	台北善导寺	《〈昙鸾与道绰〉阅后》		《华雨集》（五）
1957 年	台北善导寺	《护国净觉辅教大师章嘉呼图克图舍利塔碑记》		《华雨香云》（《妙云集》二三）
	台北善导寺	《泰国佛教见闻》	常觉	《佛法是救世之光》（《妙云集》二四）
	新竹福严精舍	《〈楞伽经〉编集时地考》		《佛教史地考论》（《妙云集》二二）
	新竹福严精舍	《北印度之教难》		《佛教史地考论》（《妙云集》二二）
	新竹福严精舍	《舍利子释疑》		《佛法是救世之光》（《妙云集》二四）
	新竹福严精舍	《美丽而险恶的歧途》		《佛法是救世之光》（《妙云集》二四）
	新竹福严精舍	《太虚大师菩萨心行的认识》		《华雨香云》（《妙云集》二三）

续　表

写作时间	写作地点	名　称	记　录	集　存
1957年	新竹福严精舍	《教法与证法的仰信》	幻生	《佛法是救世之光》(《妙云集》二四)
	新竹福严精舍	《论佛灭的年代》		《佛教史地考论》(《妙云集》二二)
	新竹女众佛学院	《成佛之道》长行解说		《成佛之道》(《妙云集》十二)
1958年	台北善导寺	《心为一切法的主导者》	慧莹	《学佛三要》(《妙云集》十五)
	台北善导寺	《佛教之涅槃观》	慧莹	《学佛三要》(《妙云集》十五)
	台北善导寺	《修身之道》	慧莹	《我之宗教观》(《妙云集》十九)
		《宋译〈楞伽〉与达摩禅》		《净土与禅》(《妙云集》十七)
		《论佛学的修学》		《教制教典与教学》(《妙云集》二一)
	新竹福严精舍	《清念上人传》		《华雨香云》(《妙云集》二三)
	马尼拉大乘信愿寺	《药师经开题》		《药师经讲记》(《妙云集》四)
	马尼拉大乘信愿寺	《祝性愿老法师七秩大寿》		《华雨香云》(《妙云集》二三)
	马尼拉大乘信愿寺	《须弥山与四洲》		《佛法是救世之光》(《妙云集》二四)
	马尼拉大乘信愿寺	《佛化音乐应有的认识》	广范	《佛法是救世之光》(《妙云集》二四)

续　表

写作时间	写作地点	名　　称	记　录	集　　存
1959 年	新竹福严精舍	《发扬佛法以鼓铸世界性之新文化》		《佛在人间》(《妙云集》十四)
	马尼拉大乘信愿寺	《皆大欢喜》	自立	《佛法是救世之光》(《妙云集》二四)
		《怀念长老·想起佛教》		《华雨香云》(《妙云集》二三)
	王田善光寺	《成佛之道》(脱稿)		《成佛之道》(《妙云集》十二)
1960 年		《〈成佛之道〉自序》		《成佛之道》(《妙云集》十二)
1961 年	台北慧日讲堂	《〈律宗教义及其纪传〉序》		《华雨集》(五)
	台北慧日讲堂	《玄奘大师年代之论定》		《佛教史地考论》(《妙云集》二二)
	台北慧日讲堂	《佛教与教育》		《佛在人间》(《妙云集》十四)
	台北慧日讲堂	《论部之不同名称及其意义》		《说一切有部为主的论书与论师之研究》
	台北慧日讲堂	《迦旃延尼子与〈发智论〉》		《说一切有部为主的论书与论师之研究》
	台北慧日讲堂	《佛教的文艺大师——马鸣菩萨》		《说一切有部为主的论书与论师之研究》

续　表

写作时间	写作地点	名　称	记　录	集　存
1961 年	台北慧日讲堂	《佛陀跋陀罗传来之禅门》		《说一切有部为主的论书与论师之研究》
1962 年	台北慧日讲堂	《五戒之原理及其实践》(纲目)		郑寿彭《印顺导师学谱》
	台北慧日讲堂	《宝积经讲记》		《宝积经讲记》(《妙云集》二)
	台北慧日讲堂	《〈地藏菩萨本愿经〉序》		《华雨集》(五)
	台北慧日讲堂	《东方净土发微》	能度	《净土与禅》(《妙云集》十七)
	台北慧日讲堂	《一代耆德邈兮难寻》		《华雨香云》(《妙云集》二三)
	台湾大学融熙学社	《佛学的两大特色》	印海	《佛法是救世之光》(《妙云集》二四)
		《大乘空义》		《佛法是救世之光》(《妙云集》二四)
		《论真谛三藏所传的阿摩罗识》		《以佛法研究佛法》(《妙云集》十六)
1963 年		《忧苦的根源及其解脱》		存目
	台北慧日讲堂	《〈呒嘧文集〉序》		《华雨香云》(《妙云集》二三)
	台北慧日讲堂	《上帝爱世人》		《我之宗教观》(《妙云集》十九)

续　表

写作时间	写作地点	名　称	记　录	集　存
1963年	台北慧日讲堂	《上帝与耶和华之间》		《我之宗教观》(《妙云集》十九)
	台北慧日讲堂	《〈上帝爱世人〉的再讨论》		《我之宗教观》(《妙云集》十九)
	台北慧日讲堂	《地藏菩萨之圣德及其法门》	能度	《佛法是救世之光》(《妙云集》二四)
	台北慧日讲堂	《〈往生净土论〉讲记》	顾法严	《华雨集》(一)
	台北慧日讲堂	《〈中华大藏经〉序》		《华雨香云》(《妙云集》二三)
1964年	新竹福严精舍	《福严院训》		《海潮音》44卷12月号
	台北慧日讲堂	《〈辨法法性论〉讲记》	黄宏观	《华雨集》(一)
	嘉义妙云兰若	《掩关遥寄》		《华雨香云》(《妙云集》二三)
	嘉义妙云兰若	《说一切有部为主的论书与论师之研究》(开始写作)		《说一切有部为主的论书与论师之研究》
	嘉义妙云兰若	《汉明帝与〈四十二章经〉》		《佛教史地考论》(《妙云集》二二)
	嘉义妙云兰若	《阿难过在何处》		《华雨集》(三)
	嘉义妙云兰若	《论提婆达多之"破僧"》		《华雨集》(三)
	嘉义妙云兰若	《佛陀最后之教诫》		《华雨集》(三)

续　表

写作时间	写作地点	名　称	记　录	集　存
1965年	嘉义妙云兰若	《论毗舍离七百结集》		《华雨集》(三)
	嘉义妙云兰若	《僧衣染色的论究》		《教制教典与教学》(《妙云集》二一)
	嘉义妙云兰若	《王舍城结集之研究》		《华雨集》(三)
	台北慧日讲堂	《〈大树紧那罗王所问经〉偈颂讲记》	杨梓茗	《华雨集》(一)
1966年	台北报恩小筑	《虚云老和尚舍利塔碑铭》		《华雨香云》(《妙云集》二三)
	台北报恩小筑	《法之研究》		《以佛法研究佛法》(《妙云集》十六)
	台北报恩小筑	《悼念续明法师》		《华雨香云》(《妙云集》二三)
	台北报恩小筑	《太虚大师传略》		《华雨集》(五)
	台北报恩小筑	《〈法印经〉略说》		《佛法是救世之光》(《妙云集》二四)
	台北报恩小筑	《论佛学的修养》		《海潮音》47卷12月号
1967年	台北报恩小筑	《略论虚大师的菩萨心行》		《华雨香云》(《妙云集》二三)
	台北报恩小筑	《谈入世与佛学》		《无净之辩》(《妙云集》二十)
	台北报恩小筑	《说一切有部为主的论书与论师之研究》(脱稿)		《说一切有部为主的论书与论师之研究》

写作时间	写作地点	名　称	记　录	集　存
1968 年	台北报恩小筑	《慈明寺〈同戒录〉序》		《华雨香云》(《妙云集》二三)
	台北报恩小筑	《〈楞严经研究〉、〈楞严经摄论〉合刊序》		《华雨香云》(《妙云集》二三)
	台北报恩小筑	《色即是空·空即是色》		《佛法是救世之光》(《妙云集》二四)
	台北报恩小筑	《学以致用与学无止境》	常觉	《教制教典与教学》(《妙云集》二一)
	台北报恩小筑	《波罗提木叉经集成的研究》		《华冈佛学学报》1卷 1 期
1969 年	星加坡维多利亚大会堂	《佛法是救世之仁》	慧理、慧轮	《佛在人间》(《妙云集》十四)
	星加坡般若讲堂	《人心与道心别说》		《我之宗教观》(《妙云集》十九)
	台北	《〈胜鬘夫人经讲记〉序》		《华雨香云》(《妙云集》二三)
	台北报恩小筑	《〈英译成唯识论〉序》		《华雨香云》(《妙云集》二三)
	嘉义妙云兰若	《原始佛教圣典之集成》(脱稿)		《原始佛教圣典之集成》
1970 年	嘉义妙云兰若	《中国禅宗史》		《中国禅宗史》
	嘉义妙云兰若	《精校敦煌本〈坛经〉》		《华雨集》(一)

写作时间	写作地点	名　称	记　录	集　存
1971 年	嘉义妙云兰若	《神会与〈坛经〉》		《无净之辩》(《妙云集》二十)
	嘉义妙云兰若	《平凡的一生》		《华雨香云》(《妙云集》二三)
1973 年	台中	《为取得日本学位而要说的几句话》		《华雨集》(五)
	嘉义妙云兰若	《研究佛法的立场与方法》	依光	《华雨集》(五)
1974 年	嘉义妙云兰若	《中国古代民族神话与文化之研究》(开始写作)		《中国古代民族神话与文化之研究》
1975 年	嘉义妙云兰若	《〈大智度论〉校勘记》		香港佛慈净寺印赠《大智度论》第十册末
	嘉义妙云兰若	《中国古代民族神话与文化之研究》(脱稿)		《中国古代民族神话与文化之研究》
1976 年	嘉义妙云兰若	《初期大乘佛教之起源与开展》(开始写作)		《初期大乘佛教之起源与发展》
	星洲灵峰般若讲堂	《我所不能忘怀的人》		《华雨集》(五)
	星洲灵峰般若讲堂	《本道老法师八十寿序》		存目
1977 年	星洲灵峰般若讲堂	《〈谛观全集〉序》		《华雨集》(五)

写作时间	写作地点	名　称	记　录	集　存
1978 年	台北慧日讲堂	《〈松山寺同戒录〉序》		《华雨集》(五)
		《信在初期佛法中的开展》		佛光山文教基金会编《1978 年佛学研究论文集》
1980 年	台中华雨精舍	《初期大乘佛教之起源与开展》(脱稿)		《初期大乘佛教之起源与开展》
	新竹福严精舍	《中国佛教的由兴到衰及其未来的展望》	郭忠生	《华雨集》(五)
1981 年	台中华雨精舍	《如来藏之研究》		《如来藏之研究》
	台中华雨精舍	《论三谛三智与赖耶通真妄——读〈佛性与般若〉》		《华雨集》(五)
	台中华雨精舍	《杂阿含经论会编》(开始编辑)		《杂阿含经论会编》
1982 年	台中华雨精舍	《杂阿含经论会编》(脱稿)		《杂阿含经论会编》
		《〈太虚大师选集〉序》		《华雨集》(五)
1984 年	台中华雨精舍	《游心法海六十年》		《华雨集》(五)
	台中华雨精舍	《空之探究》		《空之探究》

续　表

写作时间	写作地点	名　称	记　录	集　存
1985年	台中华雨精舍	《〈印度之佛教〉重版后记》		《印度之佛教》
	台中华雨精舍	《方便之道》		《华雨集》（二）
		《〈万古千秋一圣僧〉序》		《华雨集》（五）
1986年	台中华雨精舍	《〈法海微波〉序》		《法海微波》
	台中华雨精舍	《南传大藏对中国佛教的重要》		《华雨集》（五）
	台中华雨精舍	《印度佛教思想史》（开始写作）		《印度佛教思想史》
1987年	台中华雨精舍	《印度佛教思想史》（脱稿）		《印度佛教思想史》
1988年	台中华雨精舍	《修定——修心与唯心·秘密乘》		《华雨集》（三）
	台中华雨精舍	《访印顺老法师》	显如	《华雨集》（五）
		《〈竹云斋文集〉序》		《华雨集》（五）
1989年	台中华雨精舍	《契理契机之人间佛教》		《华雨集》（四）
	南投永光别苑	《读大藏经杂记》		《华雨集》（三）
	南投永光别苑	《中国佛教琐谈》		《华雨集》（四）

续　表

写作时间	写作地点	名　称	记　录	集　存
1991年	南投永光别苑	《〈大智度论〉之作者及其翻译》	昭慧整理	《永光集》
1992年	台中华雨精舍	《〈印顺法师对大乘起源的思考〉读后》		《永光集》
1993年	台中华雨精舍	《〈起信论〉与扶南大乘》		《永光集》
	台中华雨精舍	《初期大乘与在家佛教》		《狮子吼》第32卷第5期
	台中华雨精舍	《〈我有一颗明珠〉读后》		《永光集》
1994年	新竹圆光寺	《忆福严二三事·谈佛教在人间》		《永光集》
		《平凡的一生》(增订本)		《平凡的一生》(增订本)
1998年		《平凡的一生》(重订本)		《平凡的一生》(重订本)

说明:

1. 一九四七年在奉化雪窦寺主编《太虚大师全书》、一九五七年在台北善导寺编《佛学教科书》十二册、一九八六年在台中华雨精舍编《法海微波》。

2.《六道轮回的说明》不知作于何时,保存于张曼涛主编《现代佛教学术丛刊》第五四册《佛教根本问题研究》。

3. 其他曾作过之讲演:一九四八年《环境决定还是意志自

由》;一九五四年《从深信因果说到念佛见佛》;一九五五年《佛法的因果道理》、《应怎样修学佛法》、《佛教对人生的态度》、《佛化家庭》、《学佛离苦的主要意义》、《应正确认识佛法》、《信佛与学佛》、《因与果》、《我们要信仰什么宗教》、《怎样才能离苦得乐》、《信智并重的佛教》、《从否定到肯定》、《信教自由与传教自由》;一九五九年《自由中国佛教之情况》、《佛教与国家》、《佛陀及其教义》;一九六三年《忧苦的根源及其解脱》、《〈大乘起信论〉概要》等。

印顺法师略传

　　印顺法师俗姓张,名鹿芹,浙江省海宁县人,生于清德宗光绪三十二年(西元一九〇六年,岁次丙午)清明前一日。一九一一年(六岁)六月,进私塾学习;一九一二年(七岁),随父亲至新仓镇,进小学堂就学。一九一五年(十岁)冬天,小学毕业,处家中自修半年。一九一六年(十一岁)秋天,往硖石镇开智高等小学堂插班二年级进修。在高小第三学年,秀才张仲梧先生曾给法师的作文满分再加二分的赞许。一九一八年(十三岁)夏天,完成高等小学堂学业。同年秋天,于邻近之中医师家里读书,直至十六岁夏天。

　　一九二一年(十六岁)到一九三〇年(二十五岁),任教于区立之教会附设私立小学。此段期间,于一九二五年(二十岁),读冯梦祯的《庄子序》:"然则庄文郭注,其佛法之先驱耶",引起了探究佛法的动机。此后,于商务印书馆之目录中发现佛书目录,因此购得《中论》等书。由于阅读《中论》,使法师领略到佛法之高深而向往不已!法师经四、五年的阅读思惟,发现了佛法与现实佛教界间的距离,所理解到的佛法与现实佛教界差距太大,引起了内心之严重关切,因此发愿:"为了佛法的信仰,真理的探求,我愿意出家,到外地去修学。将来修学好了,宣扬纯正的佛法。"

一九三〇年(二十五岁)农历十月十一日,于福泉庵礼上清下念老和尚为师,落发出家,法名印顺,号盛正。出家前因曾受般若精舍老和尚,被太虚大师称誉为"平生第一益友"之昱山上人指引,出家后随顺普陀山之习俗,礼昱公为义师父。

农历十月底,法师至天童寺受戒,戒和尚为上圆下瑛老和尚。受戒后,得其恩师之同意与资助,于一九三一年(二十六岁)二月至厦门南普陀寺闽南佛学院求法,插入甲班(第二学期)。八月初,受命至鼓山涌泉佛学院教课。在鼓山,礼见了当代的名德——虚云与慈舟二位长老。

一九三二年(二十七岁)上学期,法师受大醒法师之命为同班同学讲《十二门论》。数月后,法师自觉应该自求充实,因此于初秋之际,往佛顶山慧济寺之阅藏楼阅藏。此一阅藏之处,为法师出家以来所怀念为最理想的地方。一年半后,为了阅览三论宗之章疏,于一九三四年(二十九岁)正月到武昌佛学院(世界佛学苑图书馆)。在武院半年,读完了三论宗的章疏,之后又继续回到佛顶山阅藏。于佛顶山阅藏足足有三年。

一九三六年(三十一岁),武昌佛学院开办研究班,法师受太虚大师之命,至武昌佛学院指导"三论"的研究。一九三七年(三十二岁)国历七月七日,卢沟桥之抗日炮声响起;国历八月十三日,淞沪战争又起;至国历十二月四日,南京亦宣告失守;至一九三八年(三十三岁)七月,武汉情势逐渐紧张,法师与老同学止安法师经宜昌而辗转到了重庆,度过了抗战八年。在四川最初的一年半中(一九三八年八月到一九三九年底),法师于北碚缙云山之汉藏教理院与法尊法师共同修学。其间，法师为法尊法师新译的《密宗道次第广论》润文，遇到文字不能了解之处便发问，因此对黄教之密乘见解与密乘特质有一番了解。法尊法师也应法师的请求，翻译了龙树的《七十空性论》。对于龙树菩萨的空义思想，法师与法尊法师经常作法义的探讨，法师假设问题以引起法尊法师之见解，有时争论不下，最后以"夜深了，睡吧！"而结束。如此的论辩，使法师有了更多与更深的理解，从此不再重视深受老庄影响的中国空宗——三论宗。法师自忆与法尊法师共同修学之因缘云："我出家以来，对佛法而能给予影响的，虚大师（文字的）而外，就是法尊法师（讨论的），法尊法师是我修学中的殊胜因缘！"

一九四〇年（三十五岁），法师至贵阳大觉精舍，于此撰写完成《唯识学探源》，这是法师撰写出版的第一部著作。一九四一年（三十六岁），为演培、妙钦与文慧三位法师讲《摄大乘论》，听者非常欢喜，因此共同整理笔记而成《摄大乘论讲记》。一九四一年秋天，演培法师与几位法师至合江法王寺办法王学院，礼请印公担任学院之导师，直至一九四四年（三十九岁）夏天，三年圆满。

于四川之八年中，法师几乎从来没有离开病，虽受病所困，却从来没有离了修学。八年中，不断地讲说，不断地写作。法师自云："病，成了常态，也就不再重视病。法喜与为法的愿力，支持我胜过了奄奄一息的病态。"

一九四七年（四十二岁）正月，法师于杭州武林佛学院得到虚大师逝世的消息，折了几枝灵峰的梅花，与大家一起到上海,奉梅花为最后的供养。法事过后,法师被推举担任《太虚大师全书》主编,全书至第二年四月编集完成。

一九四八年(四十三岁)冬天,性愿老法师在厦门南普陀寺举行传戒法会,法师应邀随喜戒会。在戒期中,为戒子作了几次开示。于戒会授具足戒时,与恩师念公上人都参加戒坛为尊证。新年过后,一九四九年(四十四岁)正月,因缘有所变化,法师于是在厦门住了下来。在厦门期间,随缘办了一所"大觉讲社",并于讲社宣讲了《佛法概论》。六月,因缘再次变化,法舫法师在香港一再地催法师早日赴港,并为法师安排住处与生活,法师于是与学友一同前往香港。在香港的三年中,法师出版了《佛法概论》、《太虚大师年谱》等十五本书。

一九五二年(四十七岁)五月底,"中国佛教会"决议推请法师代表"中华民国"出席在日本召开的世界佛教友谊会第二届大会,此一因缘让法师从香港来到了台湾,之后又种种因缘让法师从此留在台湾转大法轮。同年,法师接任《海潮音》杂志社社长,使虚大师创办并发行三十多年的《海潮音》杂志得以重振以往之重要功能。法师担任社长一职,前后共十三年——一九五三到一九六五年。

一九五三年九月,法师于新竹观音坪创建福严精舍,成立一独立学团。来共住修学者,有印海、妙峰、隆根、真华、幻生、正宗、修严、通妙等法师。一九五七年秋,在一同寺成立了"新竹女众佛学院",法师与演培法师任正、副院长;学院的教师,由精舍法师们负责;住处及经济生活,由一同寺负责。

一九五四年(四十九岁)底,法师应邀至菲律宾弘法。正月

中,曾在信愿寺(七天)、居士林(三天)说法。圆满后,居士林之
施性统、刘梅生居士邀请法师至南岛弘法,在宿务华侨中学操场
的说法(三天)获得广大回响。于宿务弘法中,促成慧华与梅生
居士共同发起创办普贤学校。

一九五八年(五十三岁)夏天,法师为性愿长老讲经祝寿,
再度至马尼拉弘法。其间,法师被推举为信愿寺与华藏寺二寺
的联合上座(住持)。任二寺联合上座后,促成能仁学校的成
立。能仁学校成立以来,由信愿寺全力支持,如今学校之规模已
由小学进而成立中学。

一九五九年(五十四岁),周宣德、丘汉平居士推动成立大
专奖学基金,以引导大专学生接近佛法。法师当时担任中佛会
"国际文教"主任委员,时值弘化菲律宾,因此周宣德居士写信
征得法师同意后,组成了"国际文教奖学基金会"。

一九六〇年(五十五岁)秋,《成佛之道》出版,这是法师的
著作中流通量相当大的一部。年底,法师于台北成立慧日讲堂。
法师当时有一想法,希望在台北成立慧日讲堂,精舍与讲堂能分
别内修外弘,相助相成。讲堂之建筑费用,半多得力于妙钦法师
及广范法师的热心推动功德。在慧日讲堂的三年多期间,法师
开演数部经论,如《宝积经·普明菩萨会》、《往生净土论》、《辨
法法性论》等,听众参加踊跃,座无虚席。

一九六四年(五十九岁)的初夏,法师移住嘉义妙云兰若,
恢复内修的生活,专心于自修与写作。期间之写作,主要是为了
继续《印度之佛教》的方针,准备分别写成几部,广征博引,作更
严密、更精确的叙述。一九五二年从日本请回的日译《南传大

藏经》，法师到这时才有一读的机会。掩关期间，撰写了《论提婆达多之破僧》、《王舍城五百结集之研究》、《阿难过在何处》、《佛陀最后之教诫》、《论毗舍离七百结集》等。法师自忆掩关自修与写作时说："我沉浸于佛菩萨的正法光明中，写一些，正如学生向老师背诵或覆讲一样。在这样的生活中，我没有孤独，充满了法喜。"

一九六五年春天，张澄基博士带着中国文化学院创办人张晓峰先生的聘书，邀请正在掩关的法师出任哲学系教授。法师觉得能够让高等学府中的青年学子接触佛法，受佛法的润泽，这应是前所未有的机缘。虽然法师闭关专修的研究与写作正在进行，但自觉弘扬佛法本当随缘尽分，终于在良久思惟后答应受聘，在掩关一年期满的五月十五日，结束一年的掩关生活，前往台北担任教职，成为有史以来第一位进入大学任教的出家法师。

一九六八年（六十三岁）六月，《说一切有部为主的论书与论师之研究》（四十五万字）出版。冬，演培法师在星洲成立般若讲堂，法师应邀主持落成开光典礼。一九六九年正月，星洲佛教总会邀请法师于维多利亚大会堂作两天的讲演，讲题为《佛法是救世之仁》。星洲弘法圆满后，本道法师邀请法师至马来西亚弘法，在竺摩法师的三慧讲堂宣讲《心经》。

一九六九年（六十四岁）冬，法师开始编集《妙云集》，至一九七三年秋末，经四年而全部出版。这是法师将过去的写作与讲录，除大部的专书如《印度之佛教》等之外，总合汇编成字体、版面一致的大部佛学著作集。《妙云集》分为三编：上编是经与论的讲记，共七册；中编是十万字以上而独立成书之作品，如《中观今论》、《成佛之道》等，共六册；下编是各种文字的类集，共十一册——全集总共二十四册。

一九六九年（六十四岁），《中央日报》有"《坛经》是否六祖所说"的讨论，引起论诤的热潮。法师当时并未参加讨论，但觉得这是个大问题，值得研究。法师认为："问题的解决，不能将问题孤立起来，要将有关神会的作品与《坛经》敦煌本，从历史发展中去认识、考证。"因此参阅早期禅史，于一九七〇年写成了二十八万字的《中国禅宗史——从印度禅到中华禅》，并附带整理出《精校敦煌本〈坛经〉》。一九七一年三月，五十六万字的《原始佛教圣典之集成》出版。六月，《中国禅宗史》出版后，因圣严法师的推介，受到日本佛教学者牛场真玄的高度重视，并发心将之译成日文。译文完成后，牛场先生主动推介此书至大正大学为法师申请博士学位。一九七三年（六十八岁），法师荣获日本大正大学授予的博士学位。

一九七六年（七十一岁），因妙钦法师患有肝病，法师于正月十七日特地去菲律宾马尼拉大乘信愿寺探望妙钦法师。不久妙钦法师去世，为此，法师写了一篇《我所不能忘怀的人》，以为纪念。

一九七七年（七十二岁），弘化星马之本道老法师于马来西亚金马仑三宝寺发起传授三坛大戒，礼请法师任说戒和尚。此次戒会相当清净庄严，于八月十六日开堂，九月初四日圆满。戒会圆满后，法师至星洲般若讲堂弘法。在星洲期间，促成演培法师编定《谛观全集》，并为之写序。

一九八一年(七十六岁)五月,《初期大乘佛教之起源与开展》出版,阐明"大乘佛法"是从"对佛的永恒怀念"而开显出来的。这是费了五年时间,厚达一千三百余页的巨著,加上索引,不下九十万字。十二月,《如来藏之研究》出版。

一九八三年(七十八岁)九月,法师将《杂阿含经》与《瑜伽师地论·摄事分》会编出版。在"经"的方面,将次第倒乱、缺佚而以余经编入凑数之情形,依研究的结果改正过来。于"论"的方面,有些是有论而没有经的,经研考而知是出于《中阿含经》,也有属于《长阿含经》的,因此论定为本来是附编于《杂阿含经》,后来才编入《中阿含经》、《长阿含经》的。另外又撰写一篇《〈杂阿含经〉部类之整编》(约四万五千字),附编在卷首。

一九八五年(八十岁)三月,《游心法海六十年》出版。七月,十八万字的《空之探究》出版,在本书中,法师从"阿含"、"部派"、"般若"、"龙树",作一番"空之探究",以阐明空的实践性与理论的开展。

一九八八年(八十三岁)四月,二十九万字的《印度佛教思想史》出版。这可说是法师对印度佛教思想发展研究的结论。

由于著作太多、涉及的范围太广,读者每每无法掌握法师的思想核心,于是在一九八九年(八十四岁)三月中,法师开始《契理契机之人间佛教》的写作,从"印度佛教嬗变历程"说明"对佛教思想的判摄准则",以示"人间佛教"的意义。

一九九〇年(八十五岁)元月六日,法师身体违和。九日,经断层扫描,发现脑部有淤血,连夜急送台大医院,并于十日凌晨二时手术。手术过程顺利,休养约一个月后,于二月十日出院，移住大甲永光寺，便于升和医院诊视。

由于国外学者有否认《大智度论》为龙树所造，或想像为译者鸠摩罗什多所附加，为此，法师于一九九一年（八十六岁）提出约六万字之《〈大智度论〉之作者及其翻译》论著，由昭慧法师代于"东方宗教研讨会"上发表。

一九九一年（八十六岁），福严精舍由住持真华长老重建完成，于国历十月中落成开光，并于精舍举行在家菩萨戒会，由法师与演培长老、真华长老任三师。此次戒会，法师几位弘化海外的学友——演培、仁俊、妙峰、印海、唯慈等长老，都远来参加。

一九九三年（八十八岁）四月，法师将一九七一年大病以前的作品、《妙云集》出版以后的写作，以及数篇尚未发表的作品，结集成五册《华雨集》出版。

法师的写作，主要目的是："愿意理解教理，对佛法思想（界）起一点澄清作用。"法师从经论所得来的佛法，纯正平实，提倡从利他中完成自利的菩萨行，纠正鬼化、神化的现实佛教。对于一生的写作，法师自云："愿以这些书的出版，报答三宝法乳的深恩！"

一九九四年（八十九岁）七月，自传《平凡的一生（增订本）》出版，记录一生出家、修学、弘法之因缘。书中自述道："对佛法的真义来说，我不是顺应的，是自发地去寻求、去了解、去发见、去贯通，化为自己不可分的部分。我在这方面的主动性，也许比那些权力煊赫者的努力，并不逊色。但我这里，没有权力的争夺，没有贪染，也没有嗔恨，而有的只是法喜无量。随自己夙缘所可能的,尽着所能尽的努力。"法师为自己一生所追寻的方向,作出了令人印象深刻的注解。

国历九月六日至二十九日间,法师在弟子厚观法师等人陪同下,以八十九岁之高龄巡走当年出家、学习、教书、受戒等曾经驻锡之地。此行,法师为了不劳师动众,一切都默默地进行。然一到第一站目的地——厦门南普陀寺大门,突然鸣钟击鼓,方丈妙湛老法师亲自到山门迎接,受到寺众隆重之欢迎。离开厦门,一行人转往宁波天童寺——法师受具足戒之道场。随后,到雪窦寺,以一束鲜花向太虚大师舍利献上最诚挚的礼敬,仿佛回到四十七年前,奉灵峰的梅花为最后的供养。国历九月十二日,法师抵达普陀山前寺普济寺顶礼祖庭时,不禁潸然落泪,然而很快恢复平静。面对世间的无常变化,法师始终以理性来适应,这就是世间呀!

二○○三年十月十八日,福严精舍成立五十周年。庆祝大会上,历届师生齐聚一堂,法师应邀莅临会场,为历届师生开示。法师提示大家"要多多为佛教教育尽一分心力。在佛学院修学之后,回到各自的常住,要能够弘扬佛法,让佛法发扬光大",并且指出,"光是浅显的信众教育是不够的,必须加强进一步的僧教育与佛法研究",最后期勉与会大众齐心努力,让福严佛学院能够永续经营,规模逐步扩大,教海日渐深广。

二○○四年四月三十日(农历三月十二日),福严精舍为法师庆祝百岁嵩寿,邀请历届师生及诸山长老莅临福严,于庆祝大会上齐心恭祝印公法师"福寿广增延,住世利人天"。法师应全院师生之请,莅临会场颁发"印顺导师奖学金"。

百岁嵩寿过后,由于接见访客过于频繁,法师身体感到不适,于五月十日移住花莲,并在慈济医院接受身体检查。诊断发现法师心包膜积水,情况一度危急。在慈济医院医师团队细心专业的诊疗之下,成功地为法师进行了心脏手术,顺利将心包膜积水导引出来。出院后,就近于静思精舍静养。

二〇〇五年四月十日,法师发烧住进慈济医院检查,发现心包膜再次积水,但因为法师年事已高,是否再做导引手术,医师们非常审慎,希望能先用药物治疗,看看病情是否能有所改善。四月二十六日,法师血压急速下降,医师乃紧急做心包膜之积水导引手术。手术本身非常成功,可是对一位百岁老人而言,体力损耗巨大。自此之后,身体日渐虚弱。最后,由于心脏衰竭,二〇〇五年六月四日,法师百年的危脆色身,于正念寂静中安详舍报。

"诸行无常,是生灭法,生灭灭已,寂灭为乐。"法师一生将身心奉献于三宝,为"愿意理解教理,对佛法思想(界)起一点澄清作用"而孜孜不倦地写作、讲述。无论内修、外弘,为的就是抉发纯正的佛法,并以纯正的佛法在混浊恶世中作大清流,净化人心。法师继承太虚大师的思想(非"鬼化"的人生佛教),进一步地(非"天化"的)给以理论的证明,其"从经论所得来的佛法,纯正平实,从利他中完成自利的菩萨行,是纠正鬼化、神化的'人间佛教'"。因此提倡人间佛教,赞扬印度佛教的少壮时代,认为这是适应现代,更能适应未来进步时代的佛法!

法师自云:"我的身体衰老了,而我的心却永远不离(佛教)少壮时代佛法的喜悦!""愿生生世世在这苦难的人间,为人间的正觉之音而献身!"

　　法师深入经藏,净治身心,弘扬正法,利济有情,续佛慧命,为佛弟子树立实践人菩萨行的典范! 我们永恒怀念法师! 祈请法师早日乘愿再来,转正法轮,利济众生!

印顺法师略谱

清光绪三十二年(一九〇六),一岁

三月十二日(清明节前一天),出生于浙江省海宁县之农村,取名张鹿芹。从小身病体弱。

宣统三年(一九一一),六岁

六月,进私塾就读。

民国元年(一九一二),七岁

随父亲到新仓镇,先读私塾,后入初等小学。

民国四年(一九一五),十岁

冬天,初等小学毕业。

民国五年(一九一六),十一岁

在家自修半年,秋天插入硖石镇公立开智高等小学,寄宿在学校里。

民国七年(一九一八),十三岁

夏天,毕业于开智高等小学。

秋天,开始在一位中医师家里读书,老师(医师)并没有教导,只是自己学习。

民国十年(一九二一),十六岁

在中医师家里读书直到今夏,兴趣倾向学仙,父亲不希望再这样下去,于是要法师到小学里去教书。

法师专心于自己的阅读,但已从丹经、术数而转到《老子》、《庄子》,《旧约》、《新约》。

民国十四年(一九二五),二十岁

法师读到冯梦祯的《庄子序》:"然则庄文郭注,其佛法之先驱耶",而引起了探索佛法的兴趣。

此后,于商务印书馆之目录中发现佛书目录,因此购得《中论》等书。由于阅读《中论》,使法师领略到佛法之高深而向往不已!

民国十七年(一九二八),二十三岁

清明后八日(闰二月二十三日),慈母不幸突患肋膜炎去世,引起法师内心极大震动,悲痛不已。

九月,叔祖父逝世。

民国十八年(一九二九),二十四岁

法师经四、五年的阅读思惟,发现了佛法与现实佛教界间的距离,所理解到的佛法与现实佛教界差距太大,引起了内心之严重关切,因此发愿:"为了佛法的信仰,真理的探求,我愿意出家,到外地去修学。将来修学好了,宣扬纯正的佛法。"

四月二十七日,父亲逝世。

一年多来,法师一直在求医求药,办理丧事,似乎人生只是为此而忙碌。内心的沉闷抑郁,在近年来佛法的熏习下,引发法师出家的决心。

民国十九年(一九三〇),二十五岁

五月,报上刊出大幅广告:"北平菩提学院招生。"这一消息如昏夜明灯,照亮了法师要走的前途,下定决心进行出家的计划。

通信应考北平菩提学院,题为《佛法以离苦得乐为目的论》,得到的复信是:"考试及格,准予入学。"

闰六月二十九日晨,踏上了离家(浙江省海宁县)出家,充满光明远景,而其实完全不知前途如何的旅程。

因菩提学院开学一事告吹,舟车辗转到达普陀山之福泉庵。

十月十一日,在福泉庵依止上清下念和尚座下落发出家,法名印顺,号盛正。并依普陀山的习俗,礼昱山上人为义师父。月底到天童寺受戒,戒和尚为上圆下瑛老和尚。

民国二十年(一九三一),二十六岁

二月,得到恩师上清下念和尚的同意与资助,前往厦门南普陀寺闽南佛学院求法。

撰写《抉择三时教》、《共不共之研究》、《评破守培上人〈读唯识新旧不同论之意见〉》,为法师写作之始。

八月初,受闽南佛学院代院长大醒法师命,前往鼓山涌泉佛学院教课。在鼓山,礼见了当代的名德——虚云与慈舟二老。

民国二十一年(一九三二),二十七岁

上学期,应大醒法师之命为同班同学讲授《十二门论》。

夏天,警觉到应该自求充实。

初秋,住到佛顶山慧济寺的阅藏楼看藏经。虽然清苦些,却是法师出家以来所怀念为最理想的自修环境。

撰《佛法之危机及其救济》。

民国二十二年(一九三三),二十八岁

仍在佛顶山阅藏。

十一月,撰写《普陀读经随笔》。

撰《答守培法师〈驳评破读唯识新旧二译不同论后之意见〉》。

民国二十三年(一九三四),二十九岁

正月,为了阅览三论宗的章疏,到武昌佛学院半年。

新年期间前往雪窦寺,第一次礼见了太虚大师。

撰《三论宗传承考》、《中论史之研究》、《清辩与护法》。

六、七月间,奉太虚大师之函,前往闽南佛学院授课《三论玄义》。

民国二十四年(一九三五),三十岁

正月,回到佛顶山继续阅藏。

民国二十五年(一九三六),三十一岁

秋天,完成了全藏的阅读,心情顿觉轻松,历时足足三年。

抗战来临的前夕,一种不自觉的因缘力使法师东离普陀,走向西方——从武昌而到四川,远离了苦难,不致于受尽抗战期间的生活煎熬,而且进入一新的领域——新的人事、新的法义,深深地影响了随后几十年的一切。

民国二十六年(一九三七),三十二岁

国历**七月**七日,卢沟桥对日抗战开始。国历**八月**十三日,淞沪战争又起。国历**十二月**四日,南京宣告失守。

撰《三论宗史略》。

民国二十七年(一九三八),三十三岁

五月,武汉形势逐渐紧张起来。

七月,与老同学止安法师经宜昌辗转到了重庆。

在四川缙云山的汉藏教理院遇到了法尊法师,经常作法义之探讨,此为修学中之殊胜因缘。

撰《泛评周继武居士〈起信论正谬〉》。

民国二十八年(一九三九),三十四岁

授课于汉藏教理院。

秋天,太虚大师从昆明寄来林语堂著《吾国与吾民》,嘱法师对文中有关不利佛教之处加以评正,因而有《吾国吾民与佛教》之作,汉院同学热心印成小册分赠各界,为法师出版的第一本书。

是年,为法尊法师新译之《密宗道次第广论》润文。

民国二十九年(一九四〇),三十五岁

住贵阳大觉精舍,撰写《唯识学探源》一书,进入了认真的较有体系的写作。

冬天,回汉藏教理院,初遇演培、妙钦、文慧诸法师。

民国三十年(一九四一),三十六岁

上学期,为演培、妙钦、文慧诸法师讲《摄大乘论》,后集成为《摄大乘论讲记》。

撰写有关"人间佛教"思想的第一篇文章《佛在人间》。

中秋前夕清晨,在缙云山病泻虚脱一小时多,昏迷前默念"南无佛,南无法,南无僧",以试验在异样境界中,自心是否明白。

秋天,演培法师前往四川合江创办法王学院,礼请印顺法师为导师,继改任院长。因受僧俗赞仰,"印顺导师"之名由此而来。

年底,发表《法海探珍》,提出大乘三系:性空唯名、虚妄唯识、真常唯心。

撰《评〈精刻大藏经缘起〉》、《佛教是无神论的宗教》,将

《行为的价值与生命》改写为《关于有情流转的业力》。

民国三十一年(一九四二)，三十七岁

抉择判别大乘三系，探索大乘思想的流变，撰写《印度之佛教》，这是法师研究印度佛教思想发展的第一部书，也是代表法师思想的第一部作品。得到学友们的热心赞助，以"正闻学社"名义，在重庆印行。

虚大师读了之后发表《议〈印度之佛教〉》，法师则以《敬答〈议印度之佛教〉》回应。

开始在四川合江法王学院，为演培法师等人讲《中观论》颂。

撰《青年佛教与佛教青年》(即《青年佛教运动小史》与《青年佛教参访记》)、《杂华杂记》，此外尚有由演培法师记录成书的《金刚般若波罗蜜经讲记》。

民国三十二年(一九四三)，三十八岁

讲授《中观论》颂，由演培法师笔记，后整理为《中观论颂讲记》。此书为法师阐释中观思想的重要著作。

太虚大师写《再议〈印度之佛教〉》，法师撰《无诤之辩》敬复。

与汉藏教理院续明法师等通函讨论大乘，后改编为《大乘是佛说论》。

民国三十三年(一九四四)，三十九岁

与妙钦法师合编《中国佛教史略》。

撰《空有之间》回应唯识学者王恩洋《读〈印度之佛教〉书感》。

法王学院任期三年圆满,辞任回汉藏教理院。

为汉藏教理院学生讲《阿含讲要》,光宗法师等笔记,此即《佛法概论》一部分的前身。

此外讲《政治经济等与佛法》,亦由光宗法师笔记成文。

为妙钦、续明等法师讲《性空学探源》,由妙钦法师记录成书。

冬天,《唯识学探源》出版。

民国三十四年(一九四五),四十岁

二月起,《海潮音》连载去夏在汉院所讲之《阿含讲要》,太虚大师评为《海潮音》月刊一年来之佳作,发给奖金。

撰《秦汉之佛教》。

民国三十五年(一九四六),四十一岁

秋天,法师从开封回到武院,设法在汉口出版二十七万字的《摄大乘论讲记》。

在武昌佛学院。法舫法师作《送锡兰上座部传教团赴中国》,以为印度教融化佛教成大乘,上座部才是佛教嫡传。法师不同意这一看法,写了《与巴利文系学者论大乘》。

十月,在武昌佛学院世苑图书馆讲《从复兴佛教谈研究佛学》。

民国三十六年（一九四七），四十二岁

正月，在武昌佛学院，撰《僧装改革评议》。

赴杭州教书前，于玉佛寺礼见太虚大师。

三月十七日下午一时一刻，太虚大师逝世于玉佛寺之直指轩。

众推法师主编《太虚大师全书》。

五月二十日起，与续明法师、杨星森居士于奉化雪窦寺之圆觉轩编纂《太虚大师全书》。

撰《太虚大师圆寂百日祭文》。

编纂《太虚大师全书》期间，仍讲学不断，为续明法师等讲《般若波罗蜜多心经》、《中观今论》，都由续明法师笔记成书。

撰《西湖佛教图书馆缘起》。

与妙钦法师合编的《中国佛教史略》出版，由上海大法轮书局印行流通。

民国三十七年（一九四八），四十三岁

三月间，《金刚般若波罗蜜经讲记》由大法轮书局出版。

五月三十日，《太虚大师全书》编纂完成，共七百万余言，历时一年又十日。

十月，应闽院性愿法师邀请，与剃度恩师念公上人俱为戒坛尊证，这是法师第一次的传戒因缘。

撰《佛教之兴起与东方印度》、《评熊十力的〈新唯识论〉》、《〈评新唯识论〉自序》、《佛教的特色》、《〈太虚大师〉名号·籍贯·年龄·眷属》。

一九四九年，四十四岁

正月，于厦门南普陀寺成立大觉讲社，将前著《阿含讲要》补充改编为《佛法概论》，为讲社同学讲说。

六月，应法舫法师之促，乃与续明、常觉、广范诸法师离厦赴香港。

抵港后，住大屿山宝莲寺，中秋后移住香港湾仔佛教联合会。

十月初，移住新界粉岭的觉林，开始《太虚大师年谱》的编写。

十月中，得妙钦法师之助，在港出版《佛法概论》。

一九五〇年，四十五岁

这一年，在香港出版了七本著作，分别为：《般若波罗蜜多心经讲记》、《中观今论》、《评熊十力的〈新唯识论〉》、《青年佛教与佛教青年》、《性空学探源》、《大乘是佛说论》、《太虚大师年谱》。

日本大正大学牛场真玄教授就《中观今论》内容作部分翻译，向日本学术界介绍。

为演培、续明等法师讲《大乘起信论》，并由演培、续明法师记录成书为《大乘起信论讲记》。

撰《佛灭纪年抉择谈》、《革命时代的太虚大师》、《中观大乘的根本教义》、《〈异部宗轮论语体释〉序》、《从学者心行中论三乘与一乘》。

一九五一年，四十六岁

移住新界九咪半的净业林，同住者有演培、续明、常觉、仁俊、悟一诸法师。

是年，出版了《佛灭纪年抉择谈》、《净土新论》、《大乘起信论讲记》三本著作。

为净业林住众讲《胜鬘经》，由演培、续明法师记录成《胜鬘经讲记》。

法师想写一部《西北印度之论典与论师》，并开始着笔，断断续续地写了一些。

一九五二年，四十七岁

住净业林。为住众讲"人间佛教"——《人间佛教绪言》、《从依机设教来说明人间佛教》、《人性》、《人间佛教要略》。以上四篇，由仁俊法师笔记。虚大师说"人生佛教"意在对治重死、重鬼的中国佛教；法师则认为天（神）化亦严重影响到佛教发展，故明确地表达对人间佛教的看法。

是年，出版了《中观论颂讲记》、《胜鬘经讲记》。再版《佛法概论》、《金刚般若波罗蜜经讲记》。

夏天，当选香港佛教联合会会长，后又被推为世界佛教友谊会港澳分会会长。

撰《〈法句〉序》。

秋天，应"中国佛教会"之邀为世界佛教友谊会第二届大会代表，七月中旬到台湾。

八月，代表团由章嘉大师任团长，与赵恒惕、李子宽、李添春等一行五人前往日本。

九月，受聘为善导寺导师。

撰《汉译圣典在世界佛教中的地位》、《略说罽宾区的瑜伽师》、《广大的易行道》。

原任《海潮音》杂志社社长之大醒法师圆寂,法师撰《大醒法师略传》。

一九五三年,四十八岁

一月,接《海潮音》社长。

国历**十月**十八日,新竹福严精舍竣工,举行落成开光典礼。

讲说撰写丰富,包括:《序〈佛教时论集〉》、《中国佛教前途与当前要务》、《学佛三要》、《佛法与人类和平》、《信心及其修学》、《自利与利他》、《中国的宗教兴衰与儒家》、《慈悲为佛法宗本》、《建设在家佛教的方针》、《觉醒吧!佛教兄弟们》、《佛书编目议》、《论三世因果的特胜》。

冬天,法师主持善导寺的弥陀佛七,每日开示,记录并出版为《念佛浅说》。

一九五四年,四十九岁

国历**一月**二十二日,法师赴乐生疗养院探视病患,勉众先做到身苦心不苦,进而身心俱不苦,并赞助该院建修佛堂。

年初,在善导寺讲而追记为文的有:《我之宗教观》、《生生不已之流》、《一般道德与佛化道德》、《解脱者之境界》。

于新竹福严精舍撰《以佛法研究佛法》、《点头顽石话生公》、《我怀念大师》、《佛法有无"共同佛心"与"绝对精神"》、《祝"佛教青年"》、《我对慈航法师的哀思》、《大乘经所见的中国》。

于台北善导寺讲《修学观世音菩萨的大悲法门》，由唯慈记录成文。

撰《成佛之道·偈颂》、《我怎样选择了佛教》、《大乘三系的商榷》、《读〈大乘三系概观〉以后》。

秋天，讲《药师经》，并由常觉、妙峰记录为《药师经讲记》。

冬天，增建福严精舍部分房舍。

年底，应性愿法师之邀赴菲律宾弘法。

一九五五年，五十岁

撰《新年应有新观念》。

出版《药师经讲记》。

国历**二月**三日起，在马尼拉大乘信愿寺说法七天，讲题为《佛教的财富观》、《信教与信仰佛教》、《忏悔的真义》、《从人到成佛之路》，分别由蔡小娟、贤范、明道等三人记录成文。

在马尼拉佛教居士林、宿务华侨中学说法，讲题为《为居士说居士法》、《生死大事》、《求生天国与往生净土》、《切莫误解佛教》，由明道居士记录成文。

四月初返台，于台北善导寺讲《菲律宾佛教漫谈》，由常觉、妙峰记录成文。

在新竹福严精舍，为学众讲《学佛之根本意趣》，印海记。《慧学概说》、《菩提心的修学次第》，常觉记。

岁末，因病在台北静养，与常觉等闲谈，常觉记为《福严闲话》。

这一年写作不多，仅有《欲与离欲》、《佛钵考》等。

一九五六年，五十一岁

国历**三月**四日，接受善导寺之聘，晋山任住持，五百余人观礼。

写了《从一切世间乐见比丘说到真常论》、《龙树龙宫取经考》。《中国佛教与印度佛教之关系》是应《中国佛教史论集》征文而写的。

一九五七年，五十二岁

国历**一月**二十七日，法师之剃度恩师清念上人，吉祥入灭于新加坡之海印寺，得戒腊六十四，世寿八十二。众议先安奉于台湾福严精舍。

五月七日，赴泰国纪念佛陀涅槃二千五百年。先抵香港，九日抵达曼谷，参加自十二日至十八日的佛纪庆典。二十日拜会泰国总理銮披汶。二十四日前往金边，于高棉停留五天。六月七日下午返国。

六月，于善导寺讲《泰国佛教见闻》，常觉记。

九月六日，法师不忍尼众失学，成立新竹女众佛学院，任院长。

九月十五日，辞卸善导寺住持。

这年的写作有：《美丽而险恶的歧途》、《太虚大师菩萨心行的认识》、《教法与证法的仰信》、《北印度之教难》、《舍利子释疑》。并应星洲弥陀学校的请求，编写《佛学教科书》十二册。

下学期为福严精舍同学讲《楞伽阿跋多罗宝经》，作《〈楞伽经〉编集时地考》。

一九五八年,五十三岁

二月二日,撰《清念上人传》,迎清念上人舍利,入福严塔院供奉。

夏天,前往菲律宾马尼拉,为性愿老法师贺寿,撰《祝性愿老法师七秩大寿》。

抵菲后,在信愿寺讲《药师经》、《须弥山与四洲》、《佛化音乐应有的认识》。

冬,应善导寺住持演培法师之请,在善导寺讲《心为一切法的主导者》、《佛教之涅槃观》、《修身之道》,都由慧莹笔记。

这一年,写了《宋译〈楞伽〉与达摩禅》、《论佛学的修学》。

后被推任为性愿寺及华藏寺联合上座(住持),任期自一九五九年到一九六一年。

一九五九年,五十四岁

去年年底,到王田善光寺度旧年,完成了《成佛之道》。这部书,起初(一九五四年)在善导寺共修会,编颂宣讲;一九五七年下学期又增补完成,作为新竹女众佛学院讲本,又为偈颂写下简要的长行解说;到这一年的年初才脱稿。

十二月,写《发扬佛法以鼓铸世界性之新文化》。

一九六○年,五十五岁

为邓翔海居士等讲《楞伽经》。讲此经已三次,因缘不具足,没有成书,仅留有《楞伽经》的科判——五门、二十章、五十一节。

赴菲律宾,促成能仁学校之成立。

夏天,慧日讲堂动工。

秋天,《成佛之道》出版。本书以"五乘共法"、"三乘共法"、"大乘不共法",统摄一切佛法,开显由人而成佛的正道。在法师著作中,此书是广为流通的一部。

一九六一年,五十六岁

一月二十四日,慧日讲堂举行落成启用法会。

撰《〈律宗教义及其纪传〉序》、《玄奘大师年代之论定》、《论部之不同名称及其意义》、《迦旃延尼子与〈发智论〉》、《佛教与教育》、《佛教文艺大师马鸣菩萨》、《佛陀跋陀罗传来的禅门》。

应政治大学教育研究所吴兆棠博士之请,于教育研究所介绍佛法对"心"之心理学及哲学之意义,每周一次,五次而毕。

一九六二年,五十七岁

夏,讲《大宝积经·普明菩萨会》于台北慧日讲堂,后追记而写成《宝积经讲记》。

九月底,在慧日讲堂启建药师法会,每日开示,能度记为《东方净土发微》。

撰《五戒之原理及其实践》(纲目)、《〈地藏菩萨本愿经〉序》、《论真谛三藏所传的阿摩罗识》、《一代耆德·邈兮难寻》。

十二月二十六日,在台湾大学融熙学社讲《佛学的两大特色》、《大乘空义》。

一九六三年,五十八岁

一月五日,泰国宗教厅特派僧伽访问团来华,一行四人访法师于慧日讲堂。

七月,盂兰盆法会期间,讲《地藏菩萨之圣德及其法门》,能度记。

冬季,讲天亲菩萨所造《往生净土论》,由顾法严记,名《〈往生净土论〉讲记》。

出版《修身之道》。

一九六四年,五十九岁

三月,于慧日讲堂讲弥勒菩萨造的《辨法法性论》,后由黄宏观记录,成《〈辨法法性论〉讲记》。

辞卸慧日讲堂住持,改由印海法师继任。

四月初八日,释尊诞辰,在嘉义妙云兰若掩关,恢复内修生活。

阅览日译的《南传大藏经》。将《西北印度之论典与论师》的部分进行改写,并扩充为《说一切有部为主的论书与论师之研究》。

掩关时,听闻李炳南老居士领导莲社同仁发起建立菩提医院,这在此时的佛教界是难得的好消息。法师遂与演培法师、续明法师洽商,决定以经费五十万元乐助菩提医院建院。

九月,《宝积经讲记》出版。

这一年的写作,有《汉明帝与〈四十二章经〉》;关中写有《论提婆达多之破僧》、《阿难过在何处》、《佛陀最后之教诫》。

一九六五年，六十岁

日僧藤吉慈海教授由竹山达超法师陪同来访，与法师论净土教义。其后，藤吉慈海教授于日本印度学佛教学大会上，向日本学术界介绍《净土新论》。

春天，张澄基博士来关中相访，代中国文化学院带来聘书，请任大学部哲学系教授。

掩关期间，撰写《王舍城结集之研究》、《论毗舍离七百结集》、《僧衣染色的论究》。

四月初八日出关。虽掩关只有一年，但又将进入法义深观的另一境界。

应允前往中国文化学院执教。

夏天，在台北慧日讲堂，讲《大树紧那罗王所问经》偈颂，后由杨梓茗记录为《〈大树紧那罗王所问经〉偈颂讲记》。

十月起，住慧日讲堂，开始在文化学院授"佛学概论"及"般若学"，计一年。为我国第一位在大学任教的比丘。

一九六六年，六十一岁

三月，黄陈宏德建报恩小筑落成，礼请长期驻锡。

四月三十日，续明法师圆寂于印度加尔各答医院，撰《悼念续明法师》。

十一月一日，台中菩提医院所建之太虚大师纪念馆落成，前往剪彩，撰《太虚大师传略》。

一九六七年，六十二岁

前教育部长张其昀创中华学术院，网罗国内外人文教育、自然科学等领域的权威人士,置哲士及议士,聘法师为该院哲士。

撰《略论虚大师的菩萨心行》、《谈入世与佛学》。

一九六八年,六十三岁

六月,四十五万字的《说一切有部为主的论书与论师之研究》出版。张曼涛教授评论"已超过了国际上某些阿毗达磨学者"。

一九六九年,六十四岁

年初,于新加坡讲《佛法是救世之仁》、《人心与道心别说》。

六月八日,撰《〈胜鬘夫人经讲记〉序》。

秋,香港韦兼善教授来谒法师,为《英译〈成唯识论〉》请序,撰《〈英译成唯识论〉序》。

九月十五日,离报恩小筑返妙云兰若安住。

冬,开始编集《妙云集》,到一九七三年秋末,经四年而全部出版。

一九七〇年,六十五岁

三月初,应嘉义天龙寺心一和尚的礼请,传授在家五戒与菩萨戒,并主持大殿重修落成典礼。

撰写《精校敦煌本〈坛经〉》、《神会与〈坛经〉》。

一九七一年,六十六岁

写作自传《平凡的一生》,记录一生出家、修学、弘法之因缘。书中自述道:"对佛法的真义来说,我不是顺应的,是自发地去寻求、去了解、去发见、去贯通,化为自己不可分的部分。我在这方面的主动性,也许比那些权力煊赫者的努力,并不逊色。但我这里,没有权力的争夺,没有贪染,也没有嗔恨,而有的只是法喜无量。随自己夙缘所可能的,尽着所能尽的努力。"法师为自己一生所追寻的方向,作出了令人印象深刻的注解。

三月,《原始佛教圣典之集成》出版。法师以为:"佛教圣典成立的实际情形,应有合理的正确认识。惟有能理解圣典集成的实际情形,才能理解巴利圣典及与之相当的华文圣典的真正意义,对'佛法'、'大乘佛法'、'秘密大乘佛法'的圣典,才能给予肯定,肯定其在佛法中的意趣与价值。"因此,法师决定写出这部五十六万字的《原始佛教圣典之集成》。

六月,二十八万字的《中国禅宗史》出版。年底,日本学者牛场真玄将此书译成日文。

秋天八月间,在嘉义妙云兰若因血压过低而跌倒。十一月初,经诊断为小肠栓塞,病情急剧。二度手术后,于国历十二月十日出院,返回慧日讲堂。大病似乎好了,其实还有二个问题:一、住院期间,长期整天注射,右手患上严重的风湿性关节炎。因此采用土方治疗,制一只双层衣袖,置入浸透姜汁风干后的棉花,不论白日晚上、天冷天热,一直戴在右臂上,并经常轻微运动,经一年多时间,才完全痊愈。二、肠部手术后,虽饮食睡眠如常,却愈来愈瘦,吃饭睡觉虚汗淋漓,经常感到摇摇欲倒。

一九七二年,六十七岁

七月二十九日,接获日本牛场真玄先生来函,敦请以《中国禅宗史》日译本向大正大学申请博士学位。

七、八月间,身体病情恶化,幸得张礼文居士治以扶阳之方,转危为安。

一九七三年,六十八岁

国历一月二十四日,应美国佛教会沈家桢居士之请,由美国佛教会驻台译经院副院长顾世淦陪同,经日本东京飞美静养。

途经日本,晤圣严、清度二法师,及吴老择、梁道蔚二居士。

抵美后,住长岛菩提精舍静养,由日常法师随侍左右。

六月二十日,以《中国禅宗史》获日本大正大学文学博士,此为中国第一位博士比丘。

撰《为取得日本学位而要说的几句话》、《研究佛法的立场与方法》。

十月底,因身体虚弱、语音低沉,乃隐居台中静室,不说话,不见客,健康渐趋稳定。

一九七四年,六十九岁

十月,再住台中静养,一病三年,至此身体始渐康复。

开始撰写《中国古代民族神话与文化之研究》。

一九七五年,七十岁

初夏,《中国古代民族神话与文化之研究》脱稿,此是法师养病期间,阅读《史记》以排遣而写成的唯一一部与佛法无关的书。

十月,《〈大树紧那罗王所问经〉偈颂讲记》出版。

开始撰写《初期大乘佛教之起源与开展》。

一九七六年,七十一岁

三月三十日,妙钦法师去世,撰《我所不能忘怀的人》,以志哀思。

《〈往生净土论〉讲记》出版。

一九七七年,七十二岁

九月十六日赴新加坡,二十一日抵马来西亚之吉隆坡,任金马仑三宝寺传戒大会之说戒和尚。十一月十日返国。

十一月十日,在星洲期间,促成演培法师编定《谛观全集》,为之撰序。

一九七八年,七十三岁

九月二十九日,台北松山寺传授三坛大戒,礼请法师为得戒和尚。

撰写《〈松山寺同戒录〉序》、《信在初期佛法中的开展》。

一九七九年,七十四岁

二月二十一日,马来西亚光宗法师来台,请法师讲解《入阿毗达磨论》,每日约一小时,三月七日圆满。

撰写《〈佛法概论〉序》。

一九八〇年，七十五岁

　　讲《中国佛教的由兴到衰及其未来的展望》，郭忠生记录。

一九八一年，七十六岁

　　五月，《初期大乘佛教之起源与开展》出版。阐明"大乘佛法"是从"对佛的永恒怀念"而开显出来的。这是费时五年，一千三百余页的巨著，再加索引，不下九十万字。

　　十二月，《如来藏之研究》出版。

　　在台北正式成立正闻出版社。

　　开始编辑《杂阿含经论会编》。

一九八二年，七十七岁

　　《杂阿含经论会编》出版。日本学者水野弘元评此书"远远超逾日本学者的论说"。

　　五月，《〈辨法法性论〉讲记》出版。

　　撰《〈太虚大师选集〉序》。

一九八三年，七十八岁

　　九月，《杂阿含经论会编》（三册）出版。

　　这是《杂阿含经》与《瑜伽师地论·摄事分》（解说抉择契经部分）的会编，所费的心力、时间不少。"经"方面，次第倒乱的、缺佚而以余经编入凑数的，都从研究中改正过来。"论"方面，有有论而没有经的，经研考而知是出于《中阿含经》，也有属于《长阿含经》的，也就因此论定为本来是附编于《杂阿含经》，后来才编入《中阿含经》、《长阿含经》的。

另外又写了一篇《〈杂阿含经〉部类之整编》(约四万五千字),附编在卷首。

一九八四年,七十九岁

四月二十四日,参加花莲慈济医院动土典礼。

一九八五年,八十岁

三月,《游心法海六十年》出版,是为法师"学法之历程及著作的导论"。

七月,十八万字的《空之探究》出版。法师从"阿含"、"部派"、"般若"、"龙树",作一番"空之探究",以阐明空的实践性与理论的开展。

国历**四月**四日,仁俊、印海、幻生等法师在美国洛杉矶的观音寺为法师举办祝寿集会,幻生法师写成《一个别具意义的祝寿集会》一文,作为向法师贺寿之礼。

五月,对写于民国三十一年的《印度之佛教》进行修订:修正文字、改善表式、作附注,准备再版。法师本无意再版此书,但是教界以此书为研究印度佛教史的圭臬,抄写的、复印的、私下出版的版本屡屡出现,于是决定再版,并写有《〈印度之佛教〉重版后记》。

一九八六年,八十一岁

感一生写作,有人赞叹,有人批判,于是搜集编成《法海微波》一书,作为一生的纪念文章。法师之胸襟,由此可见。

一九八七年,八十二岁

七月,完成《印度佛教思想史》。法师对印度佛教的发展已写了不少,但印度佛教演变的某些关键问题,尚未作综合连贯的说明。本书是法师对印度佛教思想发展研究的结论。

一九八八年,八十三岁

四月,二十九万字的《印度佛教思想史》出版。

七、八月间,法师忽从一个"心"字中,发见、贯通了印度佛教史上的一个大问题,扼要地写出了三万多字的《修定——修心与唯心·秘密乘》。

一九八九年,八十四岁

二月,《修定——修心与唯心·秘密乘》出版。

八月,法师为说明所要弘扬的宗趣,出版《契理契机之人间佛教》。

一九九〇年,八十五岁

国历元月六日,身体违和。九日,经断层扫描,发现脑部有淤血,连夜急送台大医院。十日凌晨二点手术。

二月十日出院,住大甲永光寺,便于升和医院诊视。

一九九一年, 八十六岁

暑假中, 由法师口述、昭慧法师整理的《〈大智度论〉之作者及其翻译》(六万字)完成。

《大智度论》是龙树所著, 鸠摩罗什所译, 是中国汉译所保存的重要论书, 为法师"推重龙树, 会通《阿含》"的重要依据。

秋天, 福严精舍重建落成, 国历十月中开光。举行在家菩萨戒会, 由印公法师、演培法师、真华法师任三师。

一九九二年, 八十七岁

八月, 出版《〈大智度论〉之作者及其翻译》。

撰写《〈印顺法师对大乘起源的思考〉读后》。

一九九三年, 八十八岁

一月, 《〈大度智论〉之作者及其翻译》日译本出版。

四月, 《华雨集》五册全部出版。

自腊月起, 虽大病出院不久, 开始对成书于二十多年前的《平凡的一生》进行增补及修正, 另成一部增订本。

一九九四年, 八十九岁

七月, 《平凡的一生(增订本)》出版。

国历**九月**六日至二十九日间, 由弟子厚观法师等人陪同, 返普陀山礼祖庭, 巡访厦门南普陀寺闽南佛学院、宁波天童寺、奉化雪窦寺、普陀山、普济寺、福泉庵、慧济寺、法雨寺、上海玉佛寺、北京、杭州、海宁, 见妙湛老和尚、弟子厚学法师、赵朴初、郭朋诸人。二十九日,从香港返国。

一九九五年,九十岁

国历**四月**一日,法鼓山文教基金会、佛教青年文教基金会联合举办"印顺导师学术座谈会",为法师庆祝九秩寿辰。

一九九六年,九十一岁

十一月十日,演培法师圆寂,作《永怀学友》一文。

一九九七年,九十二岁

国历**元月**十九日,参加慧日讲堂重建落成开光剪彩。

财团法人印顺文教基金会在新竹县竹北市正式成立。

正闻出版社正式迁址到新竹县竹北市。

一九九八年,九十三岁

五月七日,美国张礼文居士来探望法师,开中药方。

一九九九年,九十四岁

国历**九月**五日,腹泻严重,住进花莲慈济医院。

二〇〇〇年,九十五岁

国历**二月**五日大年初一,首次在静思精舍过农历年,精舍住众甚觉欢喜。

国历**四月**十六日,九秩晋五诞辰,于静思精舍观音殿举行庆典。

　　印顺文教基金会于台大举办"印顺思想研讨会",会后由正闻出版社出版《印顺思想——印顺导师九秩晋五寿庆论文集》,以庆贺法师嵩寿。

　　十月十一日,长老及法师弟子齐聚华雨精舍,庆贺法师出家七十周年。

二〇〇一年,九十六岁

　　国历**四月**五日,福严师生举行金刚法会,以法供养为法师祝寿。

　　正闻出版社发行法师著作选集《人间佛教论集》,与大众结缘。

　　十月二十七日,法师赞同福严佛学院改制为"大学部四年和研究部三年"。

二〇〇二年,九十七岁

　　国历**一月**十日,《印顺法师佛学著作集》光碟版第三版制作完成,福严佛学院院长厚观法师及学生长慈法师专程送至台中华雨精舍,呈给法师。

　　国历**三月**二十五日,潘煊所撰《看见佛陀在人间——印顺导师传》由天下文化出版公司出版。

　　国历**四月**二十四日,法师嵩寿。正闻出版社发行法师著作选集《中国佛教论集》,与大众结缘。

二〇〇三年,九十八岁

国历**四月**十三日,法师于台中华雨精舍欢度九秩晋八寿诞,长老、莲友与慈济志工近千人济济一堂。福严精舍亦举行金刚法会,以庆贺法师嵩寿。

正闻出版社发行法师著作选集《印度佛教论集》,与大众结缘。

国历**八月**,由大爱电视台制作之《印顺导师传》纪录片DVD(全八集,附纪录片文稿)出版。

国历**十月**十八日,福严精舍创建五十周年庆,法师亲临致词,并参观福严推广教育班展示的"福严五十周年回顾展"。发行《福严精舍五十周年纪念特刊》、福严简介VCD光碟、福严风景明信片等,与大众结缘。

二〇〇四年,九十九岁

国历**四月**二十四、二十五日,恭祝法师百岁嵩寿,由佛光山文教基金会、法鼓山中华佛学研究所、慈济大学宗教与文化研究所、佛教弘誓学院联合主办的"印顺长老与人间佛教"海峡两岸佛教学术研讨会,于中研院学术活动中心举行。

国历四月三十日,于新竹福严精舍欢度法师百岁寿诞。美国、大陆、台湾各地的长老、法师、教授、学者,海会云来,盛况一时。

福严举行庆祝法会,印行《印顺导师百岁嵩寿祝寿文集》(论文篇、感言篇),并颁发"印顺导师百岁嵩寿奖学金",由法师亲自颁奖给学生代表。

印顺文教基金会发行《印顺导师〈大智度论〉笔记》光碟版，以法供养为法师祝寿。

正闻出版社发行法师著作选集《戒律学论集》，与大众结缘。

国历**五月**一日，法鼓山中华佛学研究所、佛教弘誓学院、慈济大学宗教与文化研究所与慈济基金会，于花莲慈济静思堂举办"国际丝路研究座谈会"。

国历五月一、二日，玄奘大学宗教系（所）、佛青文教基金会、福严精舍、慧日讲堂、新竹市佛教会、中华佛教比丘尼协会、新竹佛教青年会、觉风佛教艺术文化基金会等，共同举办为期两天的"印顺导师百岁嵩寿联合弘法会"。来自海内外的长老、长老尼，感念法师思想启示，细数法师在新竹的生活点滴，会场充满回忆感恩之心。

国历**九月**二十五、二十六日，现代佛教学会主办、印顺文教基金会赞助之"佛教文化与当代世界——庆祝印顺导师百岁嵩寿"研讨会，在台湾大学集思国际会议厅召开。负责筹划此次大会的陈一标教授在开幕致词中表示：期盼印老所驻锡过的慧日讲堂、福严精舍、妙云兰若等道场，能够开辟为文化圣地。

二〇〇五年，一〇〇岁

国历**一月**一日，世纪大灾难"南亚大海啸"，法师不以身体之年迈，仍积极响应慈济赈灾活动，率先捐款，并呼吁大家同发善心。

国历**四月**十日，法师发烧住进慈济医院，检查发现心包膜积水。

国历四月十五日，由大爱电视台制作之《印顺导师传》纪录片 HD 动画出版。

国历四月十五日，《法影一世纪——印顺导师百岁》一书出版。

国历四月二十日，法师百岁嵩寿。印顺文教基金会发行《太虚大师全书》光碟版，以法供养为法师祝寿。正闻出版社发行法师著作选集《菩萨心行要略》，与大众结缘。

国历四月二十六日，法师血压急速下降，医师紧急做心包膜之积水导引手术。手术本身非常成功，可是对一位百岁老人而言，体力损耗巨大，自此之后，身体日渐虚弱。

国历**六月四日**（农历四月二十八日），由于心脏衰竭，法师百年的危脆色身，于正念寂静中安详舍报。

参考书目：

印顺法师《平凡的一生》增订版（台北，正闻出版社，一九九四年七月）

印顺法师《游心法海六十年》（台北，正闻出版社，一九八五年九月）

福严佛学院《印顺导师福严、慧日大事记》

《印顺文教基金会大事记》

《慈济道侣》

潘煊《法影一世纪——印顺导师百岁》（台北，天下文化，二〇〇五年）

中华书局

初版责编　陈　平